U0010906

好讀出版

# 心靈塔羅

## 內在探索・靜心指引

### 鄭栗兒

著

目 錄

Contents

# 一個人的朝聖之旅

文／鄭栗兒

　　也許，你不是走在岡仁波齊的道途上，成為一名西藏的朝聖者，轉神山108圈，淨化自己的業障，去到快樂的彼岸。

　　但，每一天，你總也走在你自己生命的道上，如果你不僅僅把每一天生活視為如常一天，起床、吃飯、工作、睡覺……，而是用一種朝聖的心情，「活」在當下每一刻，那是什麼感受？那就會是你的改變。

　　多年來，穿梭台灣、海外帶領能量療癒與心靈課程，無論這裡或那裡，在世界快速的波動與變化中，我察覺到愈來愈多人掉入了靈性的迷失，為了逃避生活而遁世，為了不願走出舒適區，或為了讓自己顯得更厲害，而貪求各種的速成方便法門，有各種的閉關，有各種的靈性課程……，每一個人都想去終南山。

　　但如果你想要成為一個更好的自己，我奉勸你，如實地接受自己的樣子，如實地接受自己的命運，如實地接受你身邊的人、事、物，一旦接受，轉變才會開始。

　　朝聖路上，某一天遇上風雪，某一天遇上崎嶇，某一天遇上迷路……，這都是必然，你心裡上也會認定：是，那就是淬鍊你的考驗，你通過它，靈魂必將得到升級。但，生活中，難搞的人，麻煩的事，甚至不知未來的茫然，在這一刻猶疑躊躇，不也是必然嗎？不也是淬鍊你的考驗？但這些生活中像鼻屎一樣的煩人事，卻總是讓你感到不耐煩，彷彿理會它們，會降低你靈魂的

高度。

Paths of the Soul，不僅僅發生在通往拉薩的翻山越嶺、長途跋涉的道路上，也發生在我們的日常，我們一直在路上，這一世的生命故事都是我們朝聖的記錄。

懷著一種懺悔，

懷著一種夢想的追求，

懷著一種與神／佛的更靠近，

懷著一種虔誠，

在一步步朝聖行旅中，在每一天的柴米油鹽醬醋茶中，我們淨化了自己，提升了自己，成為一個阿凡達／神人，既在天上，也在人間。我們總是渴望回歸宇宙星辰，但宇宙星辰每一片刻總與我們同在。

Paths of the Soul，不僅僅成為光，更要成為愛，然後很實實在在的，走在你的靈魂之道上，改變你的命運，你就在岡仁波齊的朝聖路上。

絕大部分人的一生都是相當平凡的，庸庸碌碌。只有少數人明白並實踐此生的意義，致力於心靈成長，還有更少數的人創造了大事業和大夢想，或成為一位具有感染力和影響力的人。

事實上，很多靈魂會選擇某一世很單純地過生活，不想背負太多的責任，也不想實踐什麼，不是我們所想的，每一個人都來這個世界上成長或償還，當然，他們也許會是家人或朋友的課題，激發別人成長的催化劑、逆增上。

　　所以，能夠升起一種對靈性成長的察覺與渴求，願意把生命和時間放在對自己有意義或重要的事上，就是一件很了不起的事。不是競爭，不是比較，不是為了得到期許或認同，而是獨立、自主，為自己負責，成為自己的主人，你不一定要成為特別優秀或受歡迎的人，以此來證明自己。

　　但是，我還是要鼓勵你，其實也在鼓勵我自己，不要受限於地球年齡和健康、老化的問題，永遠要有一個前進的動力和熱情在每一刻，即使貧病交迫，孤苦無依，你也要練習綻放自己的光芒，讓自己發光。

　　Echart有一段話很美：「什麼是我們的使命？你的使命就是全然地在這裡。在內在，使你自己和這一刻保持一致。」

　　唯有靜心可以抵達，可以讓我們超越生命和心念的幻象，在這一刻安住，欣賞自己和萬事萬物，而不掉入自己所設想的悲劇。也因此，這些年來在傳授心靈牌卡與靈氣療癒課程時，我一直用各種方法將靜心帶到課程中。

　　2017初夏，我在上海、杭州的靜心禪之旅，特別勉勵大家：「療癒和靜心是一對翅膀，是一體兩面，完整的療癒就是靜心，完整的靜心就是療癒。」一個療癒者的療癒力來自靜心，而一個靜心者，也將是一位給予愛的療癒者。慈悲與智慧兼具，勿忘初心，時時保持純真，在生活中修鍊自己，就是人生最美的朝聖之道。

　　關於每一個人的一生，無論如何精采或平庸，你都可以透過靜心，重新體驗每一刻的生命。人生劇情不過是一個個處境和一個個心念堆疊而成，但就在這一刻，靜下心來，觀察四周，一切都活了！

這部《心靈塔羅》，是我為真實的朝聖者、虔誠的朝聖者，追求心流與宇宙同步的朝聖者，乃至迷路的朝聖者所書寫的靜心指引，期望它成為你黑暗中的明光。

———— 2018/1/24 於台灣阿芭光之花園

# 牌卡的啟動及使用方法

## 這是一副什麼樣的牌？

心靈塔羅／Abha Tarot，以塔羅牌大阿卡娜為原型，結合花語和栗兒 Abha 心靈指引，隨附 22 種實際有效的靜心法，使每一位操作者可以藉此深入內在探索，更能深入靜心之道。和《心靈樹卡》一樣，不僅具有占卜功能，更能呈現你此刻的內在狀態，給予啟發的洞見。此套牌卡和一般塔羅牌的差別是，它沒有正反之分，純粹呈現正向的禪卡意涵，並連結你所需要或具有的能量。為求能量的完整，建議你，這副牌專屬於自己，不要借別人使用或與他人共用，你可以為自己占卜，也可以幫別人占卜，並歡迎你進一步體驗、修習「內在深度靜心」課程（注）。

## 啟動牌卡

一開始拿到這副牌時，啟動的方法很簡單，左手握著牌，再用右手（主導性的手，左撇子相反）手指輕敲三下，然後雙手合十，將整副牌握在手中，內心做一個祈請，默唸三次：「請求宇宙賦予這副《心靈塔羅》光與愛的能量。」接著把它放在胸前的正心輪（胸部正中、兩乳之間的位置，左手在下，右手在上），閉上眼睛，和它連結 3 到 5 分鐘，這樣就完成啟動的儀式了。

當你使用時，桌面一定要清理乾淨，也可以擺放一顆白水晶球，再加上輕柔的靈性音樂或精油更助於靜心，抽卡的品質也會相對提升。占卜前請將牌洗乾淨，洗牌的同時，感覺一股來自天地的能量，從頭頂來到你的雙手，為這副牌注入白色的淨光，同時，也慢慢將自己的心沉澱下來，保持在平靜、放鬆而專注的狀態。

當你覺得牌已經洗乾淨了（你會知道什麼時候是可以的），將

牌疊成一疊，可以切牌或不切牌，然後呈扇狀展開來；抽牌時，請用左手抽牌，左手屬於直覺的，也是接收能量的手，翻牌後，可參考本書每張牌卡的精心解說及心靈指引，給自己一個洞見。

## 接收能量及 21 天靜心法

　　如果你想接收牌卡的能量，讓自己更有信心，可將抽出來的牌卡放在枕頭下方或放在心輪10分鐘，連續21天。21天是過去、現在、未來的更新與淨化期，一個好的習慣保持21天就能持續下去，同時這21天建議你每天進行書中隨附的靜心法，你將有一個心靈的轉變，並獲得啟發。

　　準備好進入心靈塔羅靜心的世界了嗎？現在就開始吧！祝福你擁有一趟神聖的內在朝聖旅程。

Love from Abha

鄭栗兒

注：《心靈塔羅》內在深度靜心課程內容，請參考「阿芭光之花園」網站，或臉書ＦＢ搜尋「栗兒療癒森林」，亦可聯絡 premabha@ymail.com

# 4種牌陣操作方法

## 【1張卡】

此刻的洞見與支持、靜心指引

　　以直覺抽取1張牌，做為此刻問題的解決洞見，或是當下的靜心主題。如果需要接引能量支持自己，可將抽出的牌卡放在心輪10分鐘，或將牌卡放在枕頭下方連續21天，每天進行隨附的靜心法。

## 【3張卡】

### 明白過去，回歸當下，前進未來

| 1. | 2. | 3. |
| :-: | :-: | :-: |
| 過去 | 現在 | 未來 |

　　以直覺抽取3張牌，做為解釋因果的洞見，先抽1張牌代表過去，放在最左邊；再抽1張牌代表現在，放在中間；最後抽出1張牌，代表未來，放在最右邊，未來的這張牌非常重要，它代表需要調整與改變的建議，不僅僅呈現一個結果，更是一個指引的方向。

　　如果你需要這個引導的能量，可以將抽到的「未來」這張牌卡，放在心輪10分鐘，連結能量，將它放在枕頭下方，並每天進行隨附的靜心法。

# 【4張關係卡】

與家人、伴侶、同事、朋友的能量關係

以直覺抽取4張牌，做為解釋彼此關係的洞見與調整的建議。先抽1張牌放在1的位置，代表自己在這關係上提供的能量；再抽第2張牌放在2的位置，代表對方在這關係上所提供的能量；再抽第3張牌放在3的位置，代表彼此交會的能量；最後抽一張牌，放在4的位置，代表未來需要調整與改變的建議，為彼此的關係提供一個新的可能和指引的方向。

同樣的，如果你需要這個引導的能量，可以將抽到的第4張牌卡放在心輪10分鐘，連結它的能量，並放在枕頭下方連續21天，每天進行隨附的靜心法，你將發現和對方的關係有新的改變。

# 【3張愛人療癒卡】
## 療癒親密關係

除了4張關係牌，3張愛人療癒卡也是很棒的牌陣法。這組最好由兩位當事者一起抽牌，因為這是共同療癒，如果沒辦法，就只好由一人代抽。

A先抽1張牌放在1的位置，代表A必須給予對方的能量，B再抽1張牌放在2的位置，代表B必須給予對方的能量，第3張牌，共同創造的能量，則由主導者或牌卡擁有者去抽取。

同樣的，如果需要這個引導的能量，A、B可以將個別抽到的1、2牌卡，放在心輪10分鐘，連結它的能量，同時將第3張牌卡放在床頭或家裡重要的位置，可以的話，牌卡上擺放一個白水晶柱或水晶陣，連續21天後，你將發現和愛人的關係有全新的開

始。不管抽到哪張牌，建議你們可以共同進行「愛的交流靜心」
（見6戀人牌卡說明）連續21天。

Part 2. 第二部

牌卡敘述 · 延伸意涵 ·
花語解說 · 栗兒 Abha 心靈指引

# 0
# 傻瓜

道的行者　風　天王星

## 牌面敘述

　　手握一朵盛開的白玫瑰，頭戴桂冠和紅色羽毛的年輕旅人出發在路上，看起來如此天真而愉快。眼睛看著遠方的夢想，也不管前面的懸崖和一旁小狗好心地提醒，就是無懼地邁開步伐，好像跌倒了也會被神給接住。他心中充滿好奇的勇氣，一場未知、全新的旅程就此展開，天空、陽光和海洋齊聲為他祝福，行囊裡

裝載的是與生俱來的愛、特質和此生的課題，還有準備收集沿途的經驗，綁住行囊的是力量權杖，他卻輕鬆揮舞，不當回事，總有陽光與之同行，照亮行蹤。傻瓜牌預示一個全新的冒險，過程中會有歡樂，也有艱辛，一切就看他如何運用智慧，去面對每一個處境。

## 延伸意涵

達成夢想的前提，要有傻瓜那股傻勁，不計得失、不在乎外人的眼光朝目標而去，但傻瓜真是愚蠢嗎？還是另一種大智若愚呢？要注意身邊的那隻狗，牠象徵著忠誠友人對你的耳提面命，使你不致失足而掉落深谷。抽到這張0號傻瓜牌，意味著必須放下世俗的價值觀和得失計算，信任一切是最好的安排，回到原始純真、熱忱，從心出發。

### ‧花語：白玫瑰／天真、快樂‧

高雅、豔麗的西方花女王，永遠如此引人目光，雖然帶刺，你無法褻瀆、親近她，卻能欣賞她。白玫瑰更多一份天真，不流於世俗的單純與快樂，那是內在意識與高我意識的合一，走在屬於自己的生命之流，才能如此獨一無二。

● 栗兒Abha心靈指引：

# 傻瓜有一種天真無邪的魅力

親愛的，當你朝夢想前進時，整個宇宙都會來協助你。生命是一場夢，一場關於夢想的旅程，所有的此刻都是你吸引來的，都是為了讓你看見關於「真實自己」和「真實夢想」這件事。

你有在「真實自己」往「真實夢想」這條路上嗎？

當你在這條路上時，不管旅途發生什麼，你都會欣然接受，並且有能力去扭轉劣勢，堅持前進，因為這是你內在的朝聖之路。朝聖路上，某一天遇上風雪，某一天遇上崎嶇，某一天遇上迷路……，這都是必然，你心裡也會認定：「是，那就是淬鍊你的考驗，你通過它，靈魂必將得到升級。」無論如何，你都在你自己的路上，這才是最重要的。

天上的候鳥，時候到了，就飛行到南方；路邊的小花，時候到了，就綻放春色，萬物順應著宇宙運行的軌則，朝各自的天命而行，這既是宇宙之流，也是生命之流。你也是，如果無法順利上路，你的靈魂將永遠存在著嘆息，你的聖地永遠在召喚你，而你無法不聽見。

用靈魂丈量一條朝聖道路，你不能太計算，因為你算不出什麼來。你能規劃出一條筆直的捷徑嗎？你知道最後的收穫是什麼嗎？你能預知聖地的風光嗎？就傻一點吧！就傻一點又如何？這輩子你有很多的聰明，但不要用在這裡，就傻一點，帶著一種相信，更高級一點，帶著一種信任，朝你的內在之夢前進，讓夢想來引領你，讓夢想來啟發你，讓夢想

來帶路。

　　再說一次，當你朝夢想前進時，一旦下定決心，整個宇宙都會來協助你，包括你的守護天使／菩薩和守護靈獸，看傻瓜旁邊那隻吠叫的狗，就是最好的守護靈獸，在啟程前往夢想的路上，神都在身旁。每一個人的聖地都不同，但所有聖地的內涵都一致，所帶給抵達者的感動都相同。所有聖地的存在，都是一個發光體——宇宙之光的分身，讓你深入宇宙法則的神祕，開啟你的內在直覺和潛能，吸引你朝它靠近，以實現你此生的意義——勇敢追夢的自我完成。

　　親愛的，我不說愚者，而說一個傻瓜，因為傻瓜有一種天真無邪的魅力，有一種可愛的任性，好比一個有個性的藝術家，或者一朵白玫瑰，不顧他人眼光與評價的創作態度，這就是你要做的，就當一個傻瓜吧，前進你的夢想之路吧，沿途一切都會是快樂！

> **‧放空靜心‧**
>
> 請找一個舒適的位置坐好，躺著也可以。深呼吸三次，深深地吸氣，慢慢地吐氣，第一次深呼吸提醒自己放鬆，第二次深呼吸提醒自己放空，第三次深呼吸提醒自己保持平靜，然後把所有念頭釋放掉，保持在無念的狀態，放空自己十分鐘，再次感覺自己又充滿了活力。

# 1
# 魔術師

煉金術士　風　水星

## 牌面敘述

　　置身花團錦簇，盛開的紅玫瑰或白百合，加上金黃背景，這是魔術師將夢想化為實際所呈現的欣欣向榮。右手高舉權杖指向天空，左手指向大地，代表他是連結天地的溝通管道。頭上浮出一個「無限」的符號，象徵擁有無限的力量，可創造、實現所有的行動和計畫。桌上擺放塔羅牌的四組圖騰：權杖、聖杯、寶劍

與錢幣，亦是構成萬物的基本元素。而充滿智慧的魔術師穿著主動熱情的紅袍、純潔淨化的白衣，腰繞啟發智慧的青蛇，不僅擁有點石成金、煉金術士的實踐能力，也是善於理性溝通的智者，並具主動出擊的男性能量，其一身技藝，足智多謀的特質，將使前程充滿光明。

## 延伸意涵

　　1號魔術師是具有智力和行動力的陽性力量，1代表溝通，也是前進的起點。你夠聰明，但必須要花一點時間和耐性「說清楚、講明白」，人際和合是成功的關鍵，亦即代表你不能躲在角落被動等待，應主動出擊。此牌也預示當事人已具備充足的能力，可以勝任一切任務，就算有些生活中的生病、痛苦、失落、災難的磨練，也能迎刃而解。

### ‧花語：百合花／純潔、溝通‧

像一個對世界發聲的擴音器，百合的喇叭造型帶著強烈的溝通意味，這個溝通是雙向的，既是天與地的溝通，也是地與天的溝通，且須如百合一般純潔，忠於內在真實的聲音，內在是本源的延伸，傾聽內在就是無限的天啟。

● 栗兒Abha心靈指引：

# 真正的魔術是連結天地之心

親愛的，我們都喜歡魔術，帶點驚奇，很多時候生活太平淡，如果沒有這些魔術般的趣味，大概都無聊沉悶極了。生活就是如此，當你淪入制式，你就變成一具行屍走肉，過著日復一日的乏味人生，你就忘記了創造，你有能力可以創造。

聖杯、權杖、錢幣與寶劍分別代表地球的四大元素：水（情緒）、火（行動力）、土（收穫）、風（對戰），也分別代表著春、夏、秋、冬。一個魔術師其實就是一個煉金術士，他能運用各種元素點石成金，把單調的日常化成魔幻的奇麗，因為他懂得溝通，如何擷取宇宙的訊息，捕捉內在的靈感，整合他人的資源，借力使力，進而以行動力創造無限的可能。

而且，他不是用自己的力量去完成，他是一個宇宙的管道，運用天地的力量去完成一切，所以他不需要冒險，不需要安全感，不需要擔心，甚至不需要計畫，他只要懷著一顆正面肯定的心態就可以了，所有隨之而來的發生，都是一種必須的元素，都是為了促成完美的轉化。

是的，一個魔術師在台上，就是盡其在我了！他只管盡情演出，而不浪費心思去擔心失敗，這就是所謂的正面，不僅思考是正面，連感覺都要正面，關鍵就在這裡，如有一點點負面的念頭或感覺，都要立刻放掉，回到正面。要保持這樣的覺性，做自己頭腦的主人，不掉入小我負面，然後展現本就具有的能力，隨機應變，臨危不亂，隨時與天地連結。

　　所有成功的要素宇宙都會為你準備，你只要帶著一份熱情，對生命的熱度，還有一份無私的純潔，去成就此生的價值。如果你一直要按照舊有模式去運作，會失去魔術所帶來的驚喜，一心追求或掌控世間所謂的美好，是沒有意義的，反而會形成一種阻隔，阻礙你與宇宙、與內在，與他人的溝通。

　　親愛的，真正的魔術是改變我們的心，用你的心，為你的生活變場魔術吧！那時，春天、夏天、秋天和冬天將同時發光；那時，我們看世界的方式將完全不同；那時，我們將變做原野上一朵朵綻放的白百合。那時，就是萬物欣欣向榮的神聖花園。不用躲藏一角，默默待在困頓中，可以用正面力量主動出擊了。

### ‧ 天地連結靜心 ‧

放鬆地站著，雙腳與肩同寬，慢慢吸氣，雙手慢慢上舉，感覺大地能量從腳底來到頭頂，雙手朝向天空，吐氣。再次吸氣，感覺雙手連結天空能量，吐氣，雙手慢慢下移，將天空能量從頭頂帶入腳底。如此來回至少三次，最好在早晨時候進行十分鐘。

# 女祭司

### 2

處女和聖母的結合　水　月亮

## 牌面敘述

　　頭戴新月和滿月構成的帽子，腳底亦固住一輪上弦月，四個月亮的組合，揭示女祭司神聖的女性能量和低調的神祕特質。她身穿處女純潔的白內袍與聖母慈愛的藍外袍，手捧深奧智慧的 TORA「神聖律法」卷軸，半露半遮，意謂不能隨便公開張揚。胸前十字架，背後石榴／棕櫚樹圖像，與兩旁黑／白柱子，都代

表陰陽平衡、與神合一的神聖奧義。黑白柱上的 B 與 J 字樣，為 Boaz 和 Jachin 縮寫，象徵地球的二元性，而女祭司不偏不倚，端坐中央，靜默淡然，背後是藍色天空和水域，則象徵著智慧和直覺力、情感和潛意識，告訴當事者應沉澱煩雜的情緒與外境，走進自己的內心，尋找真正的答案。

### 延伸意涵

含蓄內斂的 2 號女祭司，以靜默無語觀照一切。她是如此地遺世獨立，自己和自己完整存在，不特別需要另一伴侶，她的人生功課屬於自我的完成，而非和伴侶一起完成。抽到此牌，在感情上意味獨立，同時也告訴你，放下控制和眼前紛擾的種種，那根本沒什麼，靜下心來傾聽直覺更重要，既然不能改變什麼，就放手吧，接受命運的安排。

### ‧花語：蓮花／開悟、自我完成‧

聖潔的蓮花是東方開悟的象徵，一朵蓮花自成一個宇宙的曼陀羅，開悟像是蓮花打開一般，敞開吾心，面向整體的宇宙；也像蓮花閉合起來，回歸自性，不為生命的情境所惑。蓮花代表此生的自我完成，亦須自己去完成。

● 栗兒Abha心靈指引：

# 和自己的靈魂在一起

　　親愛的，有很多神祕的事情，是無法也不能輕易與他人說的，要保持一種低調，所謂的天機不可洩露，就像天使或菩薩變成一隻鳥去救人，之後就消失不見，祂不會說什麼的。種種天機是天地運作的規則，也是女祭司手中那本神聖律法，這代表沒有一件事是白白發生的。

　　也許有很多糟糕的事情接二連三，你感覺複雜煩亂，為這人世間的遭遇憤憤不平、怨嘆不公，乃至心情低落。無常就像失序一樣，是人生的必然。從秩序到失序，從失序到混亂，都是地球正常的律動模式，你不可能永遠保持在一個不變的狀態，因為隨著時空的流轉，那些秩序的，必然瓦解失序，必然混亂無章，不過你放心，所有的混亂，也必然會回到另一個秩序。

　　我們的人生總是無常，總是會吹起無數次的颱風，但颱風總會過去，我們要練習不管在任何時刻，安住在最神祕的地帶，也就是颱風眼最安靜的內在核心，保持一種接受去面對狂風暴雨。

　　颱風來襲時，捲起一陣巨大狂風暴雨，吹倒所有建構的秩序，但漩渦狀的中心點，也就是颱風眼，卻是最平靜的，所經之處既無風也無雨，什麼事都沒發生似的泰然自若。

　　地球的特質還包括善惡、好壞、對錯等等的二元性。但真正的律法是你要保持在一個平衡和中間的位置，不偏不倚，保持一種中立，這即是你的颱風眼——內在核心的位置。

　　那些情感的糾葛和種種讓你掉入沉重痛苦的外境，都暫且放在一旁，試著找到你的颱風眼，待在那裡，默默和自己在一起，流一點淚，靜靜坐著都可以，不需要對全世界的人說「我怎麼了」，也不需要伸張正義或被安撫，只要靜靜地待在自己最神祕的精神地帶，和自己的靈魂在一起，靜靜地沉澱下來。

　　很奇妙的，神奇的事情就發生了，慢慢的，你會得到一種療癒力，慢慢的，你的身體和心靈會得到一種平安，甚至慢慢恢復活力和健康。慶幸的是，我們的人生是無常的，不僅是好的無常，連壞也是無常的，美好會過去，痛楚也會過去的。而這個沉澱，回歸內在中心，就是一個等待風雨過去的過程，你選擇不一樣面對事情的方式：待在自己的颱風眼，保持一種靜定穩固的狀態，這就是佛性。

### ・沉默靜心・

找個舒適的場所，躺或坐都可以，不需要任何音樂和任何人陪伴，只一人靜靜地待在這個空間，靜靜地什麼話也不說，讓心沉澱下來。把注意力放在耳朵，傾聽周圍的安靜，再傾聽自己的心語，然後將心語釋放到這個安靜的空間中，只剩下純粹的安靜。

# 3
# 皇后

大地之母　土　金星

## 牌面敘述

　　這位身型豐腴的皇后安坐在寶座上，顯得富足而舒適。頭上的十二個六角星皇冠，既是十二星座，也是一年十二個月。此外，香桃木葉頭環、頸項上的九顆珍珠項鍊，以及寶座下方金星符號的心形枕頭，皆是金星維納斯關於女性、愛與美的象徵。同時手握的圓形手杖（地球），背後是茂盛的森林與不息的河流，

前方則是豐收的黃澄穀物，還有衣袍上的石榴，都意味著豐盛多產。此牌顯示一切因緣均已成熟具足，現在是你孕育、創造生命的時刻，如同慈愛的母親一般，大方給予，主動對他人付出愛與關懷，你給的愈多，得到也愈多，回饋你的將是一段無憂享樂的美好時光。

### 延伸意涵

　　3號皇后牌充滿大地之母的生之力量，也是孕育的開始。展現女性熱情而充滿關愛母性包容的那一面，正與金星對應。抽中此牌，表示將遇上一位重要的女性貴人，也可能是轉化後的自己。如果是感情，可能將展開一段快樂情感，也會有甜美結果；女性抽中的話，則提醒你，試著打開內在溫柔母性的能量，將能創造豐碩未來，並盡情享受歡樂！

### ‧ 花語：石榴花／豐盛、多產 ‧

石榴一向有多子富貴之意，火紅的石榴花更是充滿了生命力和活力，展現存在於地球世界，活著的那份富足豐盛的喜悅能量，永遠有更多的食物，更多的物質，你可以盡情享受人生，你可以接受並給予，如同大地的母親。

● 栗兒Abha心靈指引：

# 用圓滿的心創造豐盛

　　親愛的，當我脆弱的時候，總是在媽媽的懷抱得到最溫暖的支持，用什麼去形容媽媽的愛呢？包容、守護、寬恕、原諒、無私、全然、支持、關懷、信任、慈祥，所有你能形容的正能量都在媽媽身上，但媽媽最棒的能量是「豐盛」，也就是源源不絕的愛，如同大地之母孕育萬物生機一般，多產而富饒，可以滋養你一切所需。

　　親愛的，也許你會說，我的媽媽不是這樣的，這只是一個譬喻，並非所有人都擁有母親的智慧，但在此已經教導你一個「創造豐盛、享受豐盛」的祕訣，也就是成為母親，成為豐盛本身。

　　豐盛的能量來自於充滿「感謝、滿足、大方、開心、無所欠缺」的圓滿之心，相對於豐盛能量就是匱乏能量，一個人總是抱怨我不夠，別人給我不夠，命運給我不夠；錢不夠、愛不夠、關注不夠、房子不夠、名牌包不夠、按讚不夠，甚至努力不夠，那麼你這一輩子就注定活在不夠中。

　　如何運用豐盛能量為自己帶來全面的財富呢？首先，你要停止抱怨，要感謝目前所擁有的一切都是最好的，都是為你的生命帶來成長，接受你生命的所有處境和人事物；其次，放大自己的心胸，練習大方給予，包括財物、智慧、愛、力量、讚美、肯定、祝福與支持；最後，保持在一個圓滿的狀態，即使面對生命的創傷，不公平的對待，對未來的恐懼，都讓自己能夠寬恕、能夠原諒、能夠信任，對自己說：「我

所受用的都會剛剛好，我所需要的都會得到，我可以心想事成，我願意釋懷、寬恕一切的傷害，讓我的心田空出位置，播種美麗的花草，繁花滿地，我的生命在這一刻已經非常圓滿了！我可以給別人更多，我給予愈多，回報也會愈多。」

用圓滿的心創造豐盛的能量，就是一個母親無私無悔的愛，愛是一個豐盛的能量循環──我給予，我接受，不僅僅我大方給予，當別人給予我時，我也大方接受。

當心田成為遼闊的大地，不再圍起一堵牆，保持在豐盛之流時，就沒有什麼可以再傷害我們，很多傷害是出於無知、無明而造成的，不必再把注意力放在這裡浪費人生，好好享受豐盛，享受生活，才是生命所要帶給我們的禮物。

### ‧ 幸福靜心 ‧

一早起床，睜開眼時，先發一個願心：「願今天的一切都美好，願我如天使，如菩薩，對待所有。不管發生任何事，一切都有最好的安排。」然後，心中充滿著無比的幸福，有信心，並信任今天是最美好的一天，時時保持幸福感，臨睡前再做個感謝。

# 4
# 皇帝

帝王之尊　火　牡羊座

## 牌面敘述

　　充滿自信權威的皇帝，披上紀律的盔甲，身穿紅色衣袍，端坐在四個牡羊頭飾的王位上，展現無比的氣勢和積極的紅色能量，一如牡羊座般，以自我為中心且行動力強，威不可擋，與四周崇高嚴峻的山川遙相呼應，其王者的無懼風範在在表露無遺，左手握著一顆球，右手拿著古埃及十字架，代表掌握一切生命。

皇帝信心滿滿，無論任何事或多大的嚴峻考驗，他都全力以赴，充分顯現此牌深具強大理性控制的男性力量，可以慧劍斬斷情感的牽絆，特別在面對艱難時，呈現勇者無敵的本色與牡羊座堅強不屈的鬥志，也是身為帝王之尊的氣度。

## 延伸意涵

　　抽到此牌，代表應以理性思維面對所有人事物，就像皇帝開疆闢土般，無懼且斷然地丟下人情包袱，回歸現實面，以紀律和專業呈現權威的一面，使人信服；而在感情上，除了慧劍斬情絲外，也反映出內心深處控制的傾向，對方（或自己）雖是有責任感的人，但可能會因為太愛掌握一切，而失去情感的交流，畢竟失去自由的愛，終究令人窒息。

### ・花語：牡丹花／王者無敵、富貴榮耀・

碩大飽滿的帝王之花，其帝王之尊的風範，無與倫比的華麗天成，是上天賦予的尊貴天命，也是最高權威的象徵，但這份富貴榮耀除了與生俱來，還在於能夠贏得人心和讚嘆，使王者無敵的，正是一份人們由衷的敬意。

## ● 栗兒Abha心靈指引：

# 掌握自己就是真正的國王

　　親愛的，你打了許多仗，征服了一切，所到之處皆在你腳下，成為你的疆界，但是你累了嗎？你的野心帶領你奔馳整個世界，你展現出來的自信與威力，總令人折服，但是你平靜嗎？

　　有位國王，征服了整個世界，所有權力的高峰，他皆抵達，已經無法再去到哪裡了，只能待在他的王座，他的權威讓他說出的每一句話，回應的都是：「是」，一切都在其掌控之中，他再也聽不到任何一句「不」字了。儘管坐擁江山，然而他還是有種欠缺感，他的勇敢和積極已無處可實現了，他的劍慢慢鏽鈍，沒有敵人，令他深感寂寞。

　　某天，他來到一個湖邊，看見一名老人，那根本就是一個乞丐，但是那個老人身上散發一股特別的力量，如此地安靜、祥和，彷彿他才是一個真正的國王，可他身上什麼都沒有，只有一只乞討的碗。國王的好勝心發作了，他不允許有人看起來比他更強，「原來這才是我的敵人。」他決定要戰勝這名乞丐，於是亮出他的劍，希望老人露出恐懼的神情，跪下向他求饒，這樣他就贏了。老人看著國王，拿起那只碗說：「收起你的劍吧，我剛好討到一碗飯，坐下來，我們一起好好享用吧！」

　　一個國王最大的敵人就是他自己，如果只爭輸贏，不懂分享的話，他就是一名乞丐，永遠在乞討他所沒有的，即使在至高無上的王座，他總是高處不勝寒。

　　我不是說當國王不好，能成為一個國王，必然有他具備

的理性、正直和勇氣，有領導才能和做事的魄力，我們每一個人的世界都是自己創造的，每一個人都是自己的國王，也應該像國王一樣背負起責任，勇於承擔，開疆闢土，展現創造的行動力，實踐對此生的承諾。

當一切的努力過後，是時候可以放下目標了，是時候可以眺望遠山了，不一定要再征服遠山，是時候回到安靜的湖畔，欣賞萬物，凝視自己的內在，也是時候可以分享自己的生命智慧，傳承給後人了。

很多人只追求自己的卓越、優秀、歷史定位，追求自己的生命高峰，卻沒有讓愛傳承下去，讓信念傳承下去，讓勇敢傳承下去，權力的迷失即是如此，權力的遊戲並非爭強鬥勝或證明自己而已，還有更崇高的分享的價值。

### ・燭火靜心・

點燃一支紅色蠟燭，望著燭火，感受它的溫暖，並燃燒煩惱，淨化負面能量，同時也將所有牽絆一併火化。這燭火並非巨大火焰，卻能消融你過多的自我。覺得已連結燭火能量時，慢慢閉上眼，讓第三眼升起燭火的光，靜坐十分鐘，注意力放在第三眼上。

5

# 教宗

長老尊者　　土　　金牛座

## 牌面敘述

　　殿堂上，教宗正為信眾解惑，一位穿著紅玫瑰（熱情）、另一位穿著白百合（純潔）圖案的衣服，教宗頭戴代表身、心、靈三層冠帽，身穿紅色長袍，左手握神聖力量的權杖，右手雙指指天，給予來自宇宙的祝福，耳旁白色垂飾為內心的聲音，地上放置著兩把交叉的金、銀鑰匙，是日月、陰陽，外在與內在的結

合，以此開啟智慧和神祕之門。殿堂上灰色雙柱，既是平衡支撐，也意味著透過經驗而來的智慧，這些智慧是世間既有的道德與紀律，並非來自潛意識的直覺，從教宗與信眾三人的衣服上都有訓練牛隻工作的牛軛形裝飾，可以看見教宗所代表的社會規範與責任，遵守為上策。

### 延伸意涵

這張牌提示象徵保守傳統的長者，是你尋求協助與智慧的貴人，他並非遠在深山修行的出家人，而是擁有社會名望的地位者，並以倫理道德受人愛戴；當然也意味著這時候凡事保守一點，不要太前衛，對自己將有莫大助益。除此，一般而言，抽到此牌可能近期會參加一場人生的重大儀式，如相親、婚禮或畢業典禮等，也表示將會有不錯的應試成績喔！

### ‧花語：劍蘭／長壽、康寧‧

又名唐菖蒲的劍蘭，以層疊而上的花姿，而有步步高升的吉祥意涵，同時又是長壽與康寧的象徵，也代表堅固和福祿，經常保持心的寧靜，穩如泰山，就像一個有智慧的長者，散放出穩定的波動，讓我們得到啟發和清醒的洞見。

● 栗兒Abha心靈指引：

# 真正的戒律出於一份愛的尊重

親愛的，你喜歡戒律嗎？或說你喜歡規矩嗎？

是的，我們對戒律往往有種矛盾的心理，既不願受到束縛，又不願混亂失序。如果不守規矩就是一個壞孩子，不僅得不到表揚，還要被懲罰；不守戒律的話，不但得不到通往天堂的通行證，還會下地獄。

很多人對生病、意外，都有一種懲罰概念，認為一定是哪裡犯錯了，以致業障現前，所以安分守己是因為出於害怕恐懼而已。

如果你這樣想的話，那麼你真是誤解戒律了。

首先，戒律和自由是不抵觸的，很多人以為遵守戒律，很多事就不能做，就限制了自由。但自由並非和事件有關，而是和空間有關，很多人以為什麼事都可以做才叫做自由，這是錯誤的見解。比如，抽菸是一種自由嗎？喝酒是一種自由嗎？吸毒是一種自由嗎？胡言亂語（言論）是一種自由嗎？管不住自己是一種自由嗎？甚至思想是一種自由嗎？不但不是自由，相反的，如果過於沉溺，你反倒被它們給控制了。

再者，真正的戒律不是我「不做」，而是我「不為」——出於對生命的尊重，所以我不殺生；出於對朋友的尊重，所以我不說人閒話；出於對伴侶的尊重，所以我不拈花惹草；出於對他人的尊重，所以我不偷取別人的財物；出於對自己的尊重，所以我不過度喝酒，以免成癮，傷害身體或酒後亂性。

真正的戒律是出於一份愛的尊重，真正的戒律也是給內在的高我遵從的，不是小我。小我所遵守的，只是一般社會的規範、倫理或道德而已。高我的戒律來自於無上的愛，比如我最喜歡的靈氣五守則：

就在今天，我不生氣，因愛我接受；

就在今天，我不擔憂，因愛我信任；

就在今天，我心懷感謝，因愛我感恩；

就在今天，我誠實努力工作，因愛我全力以赴；

就在今天，我對宇宙萬物心存慈愛與尊重，因愛我慈悲。

如同薩滿的巫師，當一個人活得愈老時，他所得到的尊敬，不是他努力假裝年輕或保持青春，而是他展現出開放的生命智慧，不墨守成規，不故步自封，超越宗教與分別，以天道為啟蒙。

不要遵守表面的戒律，但去尋找你內在高我的戒律，你內在永遠有一個老師會指引你明光。

---

### ‧抄寫靜心‧

請選擇一首喜歡的詩偈，具正面鼓舞的力量，你也可以選擇靈氣五守則：「就在今天，我不生氣；就在今天，我不擔憂；就在今天，我心懷感謝；就在今天，我誠實努力工作；就在今天，我對宇宙萬物心存慈愛與尊重。」每天背誦、抄寫三遍，連續二十一天將有奇妙效果。

6

# 戀人

生命的抉擇　風　雙子座

## 牌面敘述

豐盛富饒的伊甸園，擁有「療癒力」的大天使拉斐爾敞開雙手，給予亞當和夏娃這對戀人來自宇宙太陽之光的祝福，拉斐爾的紫袍有忠貞的意涵，同時祂也是伊甸園生命之樹的守護者。亞當背後是十二團火焰／十二星座的生命之樹，也是欲望之火；夏娃背後是五顆蘋果／五種感官的知識之樹，纏繞一條金黃色的，

既是誘惑也是智慧的蛇，由下往上意味來自潛意識，乃至業力的考驗。有趣的是，亞當看著夏娃，夏娃看著天使，代表從意識到潛意識，再到超意識；從身體到心靈，再到靈性。原本純真、未經世事的戀人能否通過種種考驗，而讓兩人愛情達到永恆和諧的高峰，就看彼此的抉擇。

### 延伸意涵

　　此牌代表美好戀情及覓得真愛，或是工作中的合作關係，其中溝通和理解是非常重要的因素，當溝通順暢，能彼此理解時，即能克服一切外在的現實誘惑，產生互信，而得到真摯盟約；從另一角度而言，你必須經常檢視如何與他人連結的課題，一味地自以為是，要求對方配合或各執己見，只會阻礙情感發展，兩人無法一致，但能異中求同，達成共識。

### ‧花語：粉色鬱金香／愛的告白、熱愛‧

荷蘭的國花——鬱金香，天生帶有一種夢幻與浪漫的氣息，被歐洲人稱為魔幻之花，就像愛情帶來的魔力，戀人之間的癡狂與沸騰，彷彿一起掉入鬱金香織成的香格里拉國度，粉色鬱金香既是愛的告白，也代表戀人之間的熱愛。

● 栗兒 Abha 心靈指引：

# 愛就是很自然地存在

　　親愛的，愛情總是太美，總是燃燒我們的靈魂，讓我們失去自己，心中充滿了對方，整個世界也都消失，所有的困難變得好像沒什麼，看一切都如此美好，感覺自己的可愛、傻與天真。

　　在愛情中，第一次讓我忘記了我，也忘記了所有。

　　是的，愛情是學習愛的第一步，讓我隱形，讓我不見，願意犧牲，如果一個人沒有經歷這種狀態，那他沒有經歷過愛情。一個正在愛情ing的人，每一天腎上腺素都是激昂的，腦海都是她，再無其他。這不正是我們一直在追求的忘我境界？與神合一，只不過把神換做某個女人或男人。你以為從此過著幸福快樂的生活，你永遠愛她，她永遠愛你，你不再是孤單一人，而是有了一個靈魂伴侶，你不再寂寞，有了歸屬。

　　但是，再過一會兒，再過一陣子，再過幾年時光，你就開始厭倦了，你就開始感到窒息，感到煩了，你覺得歸屬變成一種牽制，你覺得一直配合，令人疲累，忍不住要吵架。你的人性又出來了，神性退出了，你的愛情也漸漸死亡。小王子不斷搞那個玻璃罩，掀起來蓋下去，心想：「又來了，這個玫瑰公主病沒完沒了。」

　　這就是愛情的輪迴，禁不起人性的考驗，禁不起時間的淬鍊，於是誘惑生起，爭執生起，混亂生起，最後愛情徹底幻滅。

　　親愛的，有時候，我們太用捧著玻璃杯的緊張狀態在對

待愛情，害怕爭執，害怕衝突，一不小心就產生裂痕，只好以冷漠代替爭執。你有多少憤怒就有多少的愛，當你一旦冷漠，就是愛情的盡頭，你不再在乎對方，他與你無關。我建議你換個方式，讓愛情變成一個塑膠杯，即使不小心掉落地上，它仍舊完好，讓你的愛情像塑膠杯一般茁壯，即使爭吵也無損對彼此的認定。

愛情會讓人擔心，但愛不會，設法讓你的愛情變成愛，那需要你們彼此的堅持；愛情會褪色，但愛不會，愛情像是持續的高潮，一直維持熱度，很辛苦；但愛有如海潮一般，有起有落，有時開心，有時低落，都不影響愛。

愛不需要你做很多事，也不需要你討好，愛就是很自然地存在，愛是沒有條件的，所以當愛情需要條件才能繼續時，這已經是利益交換，真正的愛情是你願意對方快樂，即使無法擁有。別擔心愛情會死，保存期限會過去，重新倒帶一次，回到最初那一刻，重新開始，誰說人生不能重來？愛情可以再復活，就像春天的花會再開，因為這就是愛。

### ‧愛的交流靜心‧

和你的伴侶一起，坐著或站著都可以，先閉上眼睛，身體輕輕地往右邊擺動，再往左邊擺動，肩膀保持放鬆，嘴角微微上揚，保持微笑，這樣左搖右晃十分鐘，平衡彼此的能量後，睜開眼睛，充滿著愛意地凝視對方的眼神，再彼此擁抱三分鐘。

7

# 戰車

真正的勇者　水　巨蟹座

## 牌面敘述

背後高樓城市，身穿盔甲的戰士以堅強的意志力而非韁繩，駕馭著分別代表地水火風四根柱子的戰車，前方翅膀表示靈感，盾牌紅色圖案為陰陽結合／從二元來到一元，藍色簾幕的六芒星為宇宙力量的加持，意味這是一場聖戰，順應天道而戰，與整體合一，宇宙也會支持。兩頭一黑一白人面獅身獸，代表陰與陽、

慈悲與紀律。戰士頭上戴著統治的八角星冠和勝利的桂冠，胸前四方圖騰為土元素，象徵意志力。當戰士遠離城市，在護城河外擔任著守門員工作，也意味著他放下所有世俗考量，朝向心靈之戰的決心與毅力，他不是進擊而是守護，克盡職責而不退縮，全力做好自己的天命。

## 延伸意涵

　　每一個人一生中，都要為自己打一場美好的仗，這場戰爭是和天道同盟，其勝利關鍵在於你的意志力和貫徹的決心，你必須拿出戰士的精神，無所畏懼，不計輸贏得失，全力以赴去捍衛自己的信念和價值。請放心，當你踏上戰場時，整個宇宙都會來協助你贏得這場戰爭，只要盡情發揮內在紀律與慈悲的潛能，終可排除萬難，邁向成功。

### ．花語：蒲公英／勇敢無畏、前進．

蒲公英是黃花地衣，頂端頭狀花序，八、九月開花，果實成熟後，形似一白色絨球，像一朵圓形蒲公英傘，包裹一粒粒種子，隨風飄散四處，孕育新生命。勇敢無畏地隨生命之流前進，帶著強韌的生命力就是蒲公英勇者的精神。

## ●栗兒Abha心靈指引：

# 一場專屬於你的聖戰

　　親愛的，有時你必須走出舒適區，離開你的保護傘，來到一個荒蕪的地帶，無人可以倚靠，也沒有任何優勢可以仰賴，甚至手中連一把劍都沒有，你只能赤手空拳去面對即將而來的逆境與挑戰，你可能沒有任何贏的把握，也許就是輸到底，但你無法逃跑，這是你一生中必須經歷的考驗，也可以說是一場專屬於你的聖戰。

　　命運與機會的牌，同時讓你翻開。

　　更糟的情況就像是二次大戰時駕著飛機去抵禦敵軍，就算注定被擊毀墜地，還是得坐上駕駛艙，握緊你的方向盤，催促油門飛上天際。即使人們為你加油，你還是得孤軍前往，世間再沒有比此更寂寞的事了，必須隻身守住彩虹橋，避免敵人侵略來襲，所有生命亮麗的七彩繽紛，瞬間化為灰暗。

　　但親愛的，這就是試煉的起始，日常的幸福，花開的美好，美食的饗宴，終究在此要暫告一段落。沒有人可以回到過去，但你能繼續前進。往昔的榮光與安逸，如同風中的沙，你寫過的詩也被風吹走，風來跟你說：「起身吧，勇敢前進！就算你腿軟，站不起來，時間也會推著你去到戰場，你無法逃避。」

　　在蛇的面前，每一個人的害怕都一致，真正的勇者是出於勇敢無畏去和蛇奮戰，就算死也無所謂，並非因為恐懼死亡或害怕失去而和蛇拚搏，當然絕大部分的人都是怯懦的，都是甘於隨波逐流，也不願置身於險境中，為自己的一生打

一場漂亮的仗。但很抱歉，人生中的光榮你可以一再錯過，你可以一直待在你的安全角落，不去冒險探索，可生老病死卻是你逃不得、躲不掉的，也是你必須通過的生命關卡。

　　那就成為一名勇者吧，駕著你生命的戰車，往城堡的護城河而去，帶著堅強的意志力和來自宇宙的靈感，去迎接你的聖戰。讓太陽的光成為籠罩你的神光，讓靈魂與整體同在，再次感覺風吹來時動人的感受。也許臉龐留住一粒遠方的沙，你又可以開始寫詩，一首關於勇者的詩歌，每一個人都是一粒沙，流浪到這裡，然後去到另一處。

　　無數沙塵充滿在無垠的宇宙，你抬起頭仰望星空，原來你從未寂寞過，因為整個宇宙都與我同在，都一直在陪伴著我，與我共赴每一場榮耀之戰。

### ・跑步靜心・

跑步是前進的，同時能快速提升全身的動能，釋放腦內啡，活化細胞和生命力。如果不適合戶外跑步，可在室內原地跑步，記得穿上運動鞋。跑步時，放下所有心念，配合呼吸，用慢跑的節奏跑十到十五分鐘即可，也可以跑三分鐘，原地踏步或走路三分鐘，總共三到五次。

<sup>8</sup>

# 力量

溫柔馴獅人　火　獅子座

## 牌面敘述

田野上，宛如一位馴師人，穿著純潔白衣的力量女神，輕輕地合起獅子的嘴，一點都不怕被咬到，獅子的舌頭還伸出來舔她的手。頭上的無限符號也是魔術師牌中的倒8，代表著無窮的力量，且是來自宇宙的無限力量。女神頭上戴著花環，腰際的花環連接獅子頸項，表示這是溫柔的女性能量，而非男性剛硬的蠻

力，連兇猛的獅子也垂下尾巴完全被馴服。此牌充分展現「以柔克剛」的真理，真正的馴服並非硬碰硬，而是以無比耐心，以溫柔保持穩定平靜，不斷嘗試，等待獅子被馴服的一刻，還要有強大的自信和信心，克服恐懼與憤怒，即可展現無窮的力量，發現更深廣的自己。

## 延伸意涵

8是無限的符號，也代表來自無限的力量，無限的力量就是溫柔的慈悲心。獅子的獸性，其實代表每個人內在小我的黑暗面：憤怒、恐懼、焦躁、懷疑，唯一能讓牠合上嘴的，正是一股內在深層的溫柔力量，讓我們產生信任和愛，願意接受、包容。當每一次被負面情緒襲擊時，也要告訴自己：「是的！我知道！」然後溫柔地擁抱自己，放下一切。

### ‧ 花語：蝴蝶蘭／力量、幸福逐漸到來 ‧

花姿優美，如蝶一般，開花時更呈現群蝶飛舞的曼妙春景，而有「蘭花之后」美名，新春期間最受歡迎，既有「幸福來臨」好運之意，也象徵力量，這股力量是蝴蝶效應的力量，也是溫柔和諧的力量，揭示心動才是真實的力量。

●栗兒Abha心靈指引：

# 柔軟是最強大的力量

親愛的，為什麼你要生氣呢？你生氣時，總像一頭獅子，表現出強悍氣勢，讓人順從。獅子一怒吼，其他人就安靜了，你只是習慣用這種招數去應付事與願違的情況，用權威和抗爭來壓制一切，但你得到的回應只是他人表面的屈服，而非來發自內心的臣服，那些看似點頭說「是」的人，內心卻都「不是」。

宇宙最無敵的力量並非來自強悍，而是來自於溫柔。颱風來襲時，巨大的樹都倒下了，柔軟的小草卻還是緊貼著大地，生生不息。對立或反抗代表著摩擦，它不能解決什麼，摩擦只會帶來更多的麻煩。當我柔軟時，意味著沒有那麼多我執、我愛、我欲、我非如此不可，我是敞開的，不是像一棵樹那麼強大的自我，而是像一株草那般謙虛無我。

日本著名的道元禪師遊歷中國習禪多年，回到日本後，人家問他學了什麼呢？禪定的功夫應該十分了得吧！道元卻說：「我只學到了一份柔軟心。」一個具有柔軟心的人內在有一個和諧無爭的宇宙，溫柔帶來和氣、和睦、和樂的氣象，天空、群山、森林、田野、花園共織成柔美景色，而無一絲爭戰的氣氛，獅子也徜徉其間，不需要為了爭一個「我」而大打出手，破壞和諧。

柔軟是一種聲音，來自於宇宙，來自於內在心流，來自於愛。

柔軟是一種態度，來自於尊天，來自於對萬事萬物的敬重

包容。

　　柔軟更是一種美學，展現出做為一個人的優雅從容，柔軟並非柔弱，不是依賴或可憐，手無縛雞之力。相反的，柔軟是最強大的力量，柔軟的人願意放下身段，願意剝離自我，願意無私去「調和」，這個和就是和氣，即是宇宙天地的正能量。

　　在茶道中，要先創造一個「和」的環境和空間，才能經營出茶屋氛圍，茶道精髓「和、敬、清、寂」在在展現的禪意，從「和」為起點，亦即要先有一顆柔軟心。

　　從柔軟心到慈悲心，再到菩提心，是佛教的修心次第，所以開悟者所修鍊的覺性和智慧，都從柔軟開始，當我柔軟，我即在宇宙之道中，我擁有無限的能量，卻願意去包容安撫，給予愛，付出愛，這就是無限慈悲心的展現了。

　　親愛的，要求幸福並不難，就從柔軟自己的心開始吧！

---

### ‧舞蹈靜心‧

放一首喜歡的曲子，輕輕閉上眼睛，舞動你的全身，心底升起一種自由的感覺，彷彿被風吹拂，隨著內在的能量而擺動肢體，不受任何拘束，檢查一下自己的肌肉是緊的，還是鬆的；是僵硬的，還是柔軟的。儘量地放鬆，保持柔軟舞動的狀態，十五分鐘後，靜坐或靜躺十分鐘。

# 隱士⁹

驅除黑暗的修行者　土　處女座

## 牌面敘述

　　宛如喜馬拉雅山的冰天雪地裡，身穿斗篷的隱士，右手舉起一盞真理之燈，內為象徵潛意識之光「所羅門封印」的六芒星，左手執著族長的權杖，象徵做為啟蒙的引導，與魔術師的意識法力及戰車做為矛的武器用途不同。隱士低頭沉思著，看向內在的自己，其所追尋的內在之路亦是一條孤獨的旅程，但在孤獨中，

以燈照見了自己的生命智慧，也指引著人們心靈的方向。同樣都在懸崖邊上，年輕的傻瓜大膽前行，隱士卻展現處女座的小心謹慎，走過的人生道路已累積無數的經驗。

　　此牌提醒當事者應該停下來，從人群中回歸自己，尋找照見生命的智慧之光，亦可向有智慧的心靈導師諮商請益，協助你釐清方向。

## 延伸意涵

　　9是數字最尾端，也代表頂峰，此牌代表智慧的巔峰，這是內在師父的成道旅程，從一個天真的傻瓜開始，慢慢依循著人生線索，尋找到自己成長的智慧。不過這個追尋，必須單獨去完成，抽到此牌代表所有的答案都在你心裡，從你的心開始去探索，冥想靜坐，傾聽內在的聲音，還有夢境的訊息，不盲目衝動行事，給自己內省的沉澱。

### ‧花語：菊花／清淨、高潔‧

秋天的菊花像位高潔的君子，清香襲人，而不黏膩，有種清淨透徹的潔淨，不被世塵沾惹，菊殘猶有傲霜枝，在寒冬之前，菊花的開放似乎為你事先預告冷冽，彷彿為你舉一盞金色之燈，驅除心中的黑暗，走向未來的前程方向。

● 栗兒 Abha 心靈指引：

# 舉起燈照見自己的黑暗面

　　親愛的，這一刻請你停駐，不用再急忙趕路。停下來，讓自己稍微沉澱一下，平靜下來。你已經需要休息了，一直地doing，你累了，可以了，什麼事都放下，沒有非做不可的事，沒有一定要去哪裡。

　　我總是看見你的焦慮，要抓著表現或成績，以證明自己。好的，你一切均已足夠，別擔心什麼，夠好了，夠美了，夠棒了，從現在起，你不需要更多，甚至不需再創造人生的傳奇，贏得關注與矚目，那些社會設定的成功也與你無關，屬於你一個人的道途正要開始。

　　準備好了嗎？接下來是你進入內在洞穴的時候，舉起你手中的一盞燈，去照見自己的黑暗面，你總是一再淪陷的那份不安與脆弱、欲望與恐懼，還有你的慣性模式。

　　你要來到這個洞穴靜坐下來，有如神祕的紫晶洞一般，安安靜靜地和自己在一起，你不用也無法做什麼，只是純粹地「在」（being），保持清明，這樣你就不容易再掉入輪迴。你很可能來到喜馬拉雅山的冰天雪地，當一個人不再外求時，內在將先來到一片冰天雪地，你會感到凍得受不了，萬物不生，你很想回到人間，期待華麗的熱鬧與喧囂，即使一顆巧克力都讓你開心。

　　但這是每一個人的必經之路，你得將衣領拉高，風很冷冽。沉寂的洞穴，那安靜太接近死亡，黑暗的力量伺機潛伏，過往向你揮手，你手無寸鐵，連身體都會失去，你唯一

剩下的，就是你的靈魂。你必須升起一盆火，即使是微光也足以驅除黑暗。別小看一點點光明的力量，那也足以舉起石中之劍。

　　即使你什麼都不能做，你還是可以選擇，選擇善，選擇美，選擇愛，你不用對誰說明，不用表功，你得學習內斂，因為這是你的事，與任何人都無關，這是你一個人的單獨之事，你不用像太空人一樣向地球總部報告。

　　即使你什麼都沒做，僅僅存在著，凝視周遭，你還是做了很多事，你的靈魂不再認同人間的劇情，你的靈魂不再與業力呼應，你的靈魂和你的心愈來愈在一起，你的善與美，還有你的愛，也愈來愈深刻。你更知道紫晶洞藏的祕密，生命的結晶因著閱歷、經歷而凝聚，但到這一刻你停下來，才看見每一個紋路與晶片如此之美，以心的智慧欣賞所有，正是水晶之心的奧義。

---

### ·當下靜心·

讓自己的心回到這一刻，把頭腦的念頭或擔心統統放下，看看四周景物，聽聽周圍聲音，聞聞空氣的味道，察覺皮膚的觸感和舌頭的味覺。保持一種臨在，一種覺知，如果有任何急躁焦慮的情緒，透過呼吸釋放掉，把注意力放鬆而專注於此時此刻，就是回歸正念，活在當下了。

# 10
# 命運之輪

順著流走　水、火　木星

## 牌面敘述

　　藍色天空中出現三個圓圈的命運之輪，從中心放射八道直線的宇宙能量，最小圈為潛力無窮的創造力，中間為地水火風的形成力，最外即是物質世界。在物質世界這一層，四個方位顯示TARO（塔羅）字母，意思是「塔羅之輪述說埃及女神哈托爾的律法」，也就是永恆真理之意，其餘四個希伯來字母YHVH，為

上帝最古老的名字。輪盤的右、左、上為代表沉淪的邪惡之神：蛇；代表向上提升的埃及阿努比斯神：胡狼；以及代表變動中保持不變的智慧象徵：人面獅身獸。牌面四角是老鷹（天蠍座）、獅子（獅子座）、牛（金牛座）、人（水瓶座），皆有翅膀並在閱讀書籍，象徵不斷揚升的高我。

### 延伸意涵

10，另一循環的起點，命運之輪出現時，代表生命出現無法逆轉的轉變，這非如此不可的自然循環，不管幸運或不幸運，你都得接受它的到來。但信任將帶領你到一個全新局面，也預示一個機會轉捩點，其實無論命運起落，只要相信生命是被祝福，即能轉向美好未來。起落變動是宇宙法則，變動中保持不變的穩定，是啟發我們揚升的智慧。

### ‧花語：風信子／遊戲人間、恬適自在‧

「西洋水仙」風信子，在西方花語是：「只要點燃生命之火，便可同享豐盛人生」，如同一束火炬，它的花從鱗莖抽出，呈總狀花序，密布二、三十朵小花，每朵有六瓣，由下至上逐次綻放芳香，像是遊戲人間，處處恬適自在。

● 栗兒 Abha 心靈指引：

# 你的命運由你的心所創造

親愛的，生命是一個不斷轉動的輪，這個轉輪藏有它的定律與法則，首先「萬法唯心造」，整個物質世界（地水火風）都是由心創造出來的，宇宙根源即是擁有無限創造力的宇宙之心，同樣的，你的命運也是由你的心所創造。

再者是「一體兩面，一切對應」——上下、陰陽、左右、正負；在上就是在下，在下就是在上；比如靈性就是物質，物質就是靈性，那是一件事的兩面，只是振動頻率不同，但可以轉變。從沉淪可以來到提升，從黑暗可以來到光明，從小我可以來到高我，只要調整其振動頻率。

這世界一切都在「振動」，沒有止息，不同事物的振動都具有特定的頻率，調整頻率，自能轉化。情緒也是一種頻率，負面有負面的頻率，當轉為正面時，看世界的觀點就不同，感受也不一。禍福與共也是這個道理，好事中藏有壞事，壞事中也藏有好事。

此外，一切來來去去，一年四時，潮起潮落，也都是自然的「律動」法則，自然有自然的韻律，彼此互補，保持和諧的律動，接受任何變化都是自然的過程，並信任宇宙最崇高的「因果」法則——種什麼因，得什麼果。

這世界並沒有偶然巧合，一切都是因緣和合，因緣而生，因緣而滅。如果你現在受苦，請不要看得那麼重，也不必埋怨，你反而要開心，你正在燃燒業力；同時你要練習去創造，創造自己善的福報，每一點點善的心意，善的行為，

都會為你帶來善的力量，使你提升，使你改變，使你調頻，從邪惡到神聖，命運之輪的轉變就是善心、善念、善行。

我這樣說，也許你覺得太老套。總覺得人生應該隨興不羈，但選擇善與隨興不羈是沒有衝突的。善，不是我放棄享受享樂，我完全沒有個性主張，也不是我委屈求全、失去自己，親愛的，不要被來自於恐懼和控制的偽善給欺騙，善就像純真的風信子，展露自在風采。

善，是以我所能去給予；善，是我臣服造化安排；善，是我不再執著所愛，任運隨緣；善，是我不那麼自私，懂得原諒感謝；善，是我去理解和解，願意去肯定、認同、鼓勵他人；善，是我接受所有的好與壞。

用善點燃生命之火，必然璀璨，因為善就是一種全然的信任。

---

### ‧ 旋轉靜心 ‧

右手微舉，掌心朝上，左手略離身體，掌心朝下，向右慢慢順時針旋轉，眼睛可看著右手，避免頭暈，雙手姿勢做為平衡之用。逆時針向左反轉時，則左手掌朝上，右手掌朝下，也可以雙手交叉胸前或放在心輪，可轉五到十分鐘，再慢慢躺下休息十分鐘。

11

# 正義

公平的回報　風　天秤座

## 牌面敘述

　　左右石柱（陰陽力量）的殿堂間，一簾紫色布幕（隱藏的智慧）前的石椅上，頭戴著金冠，身穿綠披肩及紅長袍的正義女神，正不偏不倚地坐著，右腳微微踏出，表示可以隨時起身捍衛正義。左手拿著金天秤，表示她正在評估，也意味尋求生活與心靈的平衡，和綠披肩同為天秤座的象徵；右手高舉一把雙刃寶劍，

象徵以善或惡的方式，戳破任何虛偽或謊言的公正決心，此牌暗示當事人正面臨一些人生重要的決定，可能是和法律相關的事務，也可能是某種承諾，只要坦然面對心中的天平，最後終能得到公平的回報。紫色布簾後方的金色背景，為光明的象徵，也是整體宇宙的支持。

### 延伸意涵

這是一張代表平衡的牌面，不偏不倚的觀察態度，使你能看見超越對與錯的生命真義，而這真義也是公平、公正的終點。持守這樣的平衡觀點，使你獲得正義的回報，所有的誤解與錯怪，都能自行討回公道，你不用做什麼，只要保持客觀的高度；當你必須做某個決定時，此牌的出現表示若能超越立場，權衡各方因素，即可做出最好的抉擇。

### ‧花語：桔梗花／不變的承諾、誠實‧

開花時像只可愛的鈴鐺，含苞時帶著含蓄的豐滿，感覺柔美典雅，卻不脆弱，以一種堅定信守不變的承諾，帶著一份忠誠，對自己負責的誠實，「五芒星」花瓣的桔梗印，亦為日本諸多貴族們的家徽，代表堅貞傳承和正義化身。

●栗兒Abha心靈指引：

# 真正的公平正義超越立場

親愛的，我們的一生如此迅即短暫，春花秋實轉眼成逝，有如一場夢幻空花，有人因此感嘆諸法皆空，世事萬物最後都是空了，又有什麼好爭？有什麼好在乎？是的，對人生的愛恨糾葛是沒什麼好爭的，可是有時候我們必須挺身而出，為了更崇高的生命理念，去捍衛正義的價值。

正義是什麼呢？正義是為求平等、為堅持公正的俠義之行，俠出於偉大的同情，或說俠出於無私的愛。正義比道德、法律更加高級，它來自一顆無畏而充滿愛的心，用行動去捍衛公平，就像我們熟悉的電影人物蝙蝠俠或神力女超人，不為自己的名利而去服務社會，幫助他人，扶貧濟弱，為了對抗黑暗勢力勇敢舉起正義之劍。

有很多時候，我們害怕惹事生非而退縮一旁，形成一股社會的冷漠，當一個社會被集體的冷漠意識給擄獲，暴力就出現了，黑暗就來襲了，溫暖就消失了，光明就退出了。

但宇宙是一個整體的平衡，天最黑時，正是黎明曙光來臨前，而你將得到一個召喚，去執行正義的使命。特別在此刻的地球世界，許多光的使者被喚醒，或投入身心靈療癒工作，或參與慈善志工行列，都是為了實現內在正義的理想。

光的使者，是廣義的，是你願意舉起你的溫暖之光，照亮他人與世界，你就是光的使者，不是上了某些課程或通靈，才叫做光的使者，一個光的使者不是將靈性提升視為高人一等，就像正義不應該被做為政治的籌碼與工具。如果你

要玩弄正義，那麼宇宙的因果法則將使你自食其果。

　　萬物有萬物的立場，每個人也都有自己的立場，真正的公平正義，必須超越立場，從理解的角度出發，堅持正義不是採取分裂、對立的方式，那是古老的人間劇情。靈魂升級版的堅持正義，採取的是整合、和諧的方式，也就是沒有受害者，也沒有加害者，沒有英雄，也沒有壞人。就像電影《奇異博士》最後，他以機智開啟時間魔法石，不斷經歷死亡重生與黑暗勢力多瑪暮「談判」，最後多瑪暮妥協了，退出地球。其中一句經典台詞，奇異博士說：「我不怕失敗，失敗是我的老朋友。」不怕經歷失敗而去捍衛內在的公平正義，就是最堅定的靈魂承諾。

---

### ・走路靜心・

雙手交握背後，保持一直線來回行走，十到十二步距離。速度比平常略慢，但不用太慢，注意力放在腳部發生動作的位置，腳抬起來，知道它抬起，放下，知道它放下。十分鐘後，雙手平舉兩側，像走平衡木在直線上來回行走，手痠放下，回到雙手握背的方式，如此進行二十分鐘。

# <sup>12</sup> 倒吊人

### 逆境中的成長　水　海王星

## 牌面敘述

　　倒吊的男人倒懸在T字形的樹幹上，臉上沒有痛苦，反而一副沉著安適的神情。雙手反扣在背後，成一個三角形，左腳叉入右腿後方，形成一個十字，三角形與十字正是煉金的符號，也就是在人間的淬鍊，從小我轉化為大我的過程。紅褲子為身體層次，藍衣服為心靈層次，金髮和頭上一輪金色智慧之光為靈魂層次。

金色的鞋是他要前往的崇高目標；這代表即使種種磨難及考驗，在他心中早有定見，願意放下身體／物質層面的舒適，以獲取心靈上的超越；縱使處於倒逆的困境與瓶頸，他仍視為是一種自我的修煉，一切歡喜接受，畢竟有所付出，才會有所收穫。

### 延伸意涵

此牌代表你正處於等待、懸置的瓶頸狀態，一切懸而未決，如在隧道中還看不見出口的光亮。也許心中有痛苦或不平的感受，請冷靜以對，從不同面向思考，以退為進，或由不同角度切入，思考圓滿的結果，心中念力也朝向這個方向。同時，此牌也意味著適度的犧牲奉獻，吃點虧、受點苦能有更好收穫，這也需要當事者具備堅強意志力和耐力才能得到喔！

### ‧花語：吊鐘花／再試一下、嘗試‧

倒吊的蓬裙花朵，如同一只美麗的燈籠，故又稱燈籠花，據說是美麗仙女的化現。從天上來到人間，就要練習接受人間的磨練，一次做不好，再試一下，不斷地嘗試，在逆境中的成長，那份刻骨銘心，才讓燈籠發出無比亮的光。

●栗兒Abha心靈指引：

# 對於眼前的劣勢處之泰然

親愛的，地球人間的旅程有時是一場試煉，痛苦和快樂並存，沒有永遠的坦途，總是在順遂中會來一個磨難，突如其來無常的意外，感情的出軌，生了一場病……，維持好運不墜是多麼不容易。或者換個角度想，問題和困難本來就是人生的正常，逆境是必然，順境是偶然，就像這個倒吊人被倒掛著還一派悠然自得，對於眼前的劣勢處之泰然，不當回事。

我想起瑜伽體位法中有一個特別的倒立法，為了抗拒地心引力的影響，讓氣血運行順暢，解除腰痠背痛，舒緩脊椎壓力，而像倒吊人一樣倒立著。倒著看世界，世界會變成怎樣呢？上下顛倒，一切超脫地心引力的感受，地心引力是一種慣性能量，倒著看世界，忽然覺得規則不同了，排列不一樣了，世界呈現另一種趣味。

瞧倒吊人臉上的神情就像是一個可愛的頑童，並不是叛逆或是玩世不恭，而是帶著一種遊戲的態度，去接受這一刻折磨。做倒立法時必須有技巧，全身要柔軟、放鬆，時間也不能太久，否則容易傷害脊椎或腦充血。倒吊人是放鬆的，是柔軟的，他困在這個處境中，哪裡也不能去，什麼也不能做，也不知道多久才能解脫，可是他保持一個狀態，讓自己舒服的狀態，不管多麼煎熬，他總是樂觀以對。

親愛的，人生有各種的滋味，有鹹有淡，有酸甜苦辣，遍嘗百般滋味之後，你便明白這就是人生的各種味道而已，並不需要太去執著，從味道中也能得到一種境界，吃苦吃到

後來也有回甘的感覺，重要是自己不要太被好惡給侷限。

　　倒吊人呈現的從另個角度看世界，提供給我們看見事情的另一面，就算遇上了逆境，其實也沒那麼糟，逆境就是順境的開始，塞翁失馬焉知非福，一時的迷路可能讓我們欣賞到絕地風光。如果你相信生命的所有際遇不是平白無故，那麼你就可以放心去接受問題的發生和困難的障礙。面對恐怖，若能直視，反而無懼，許多人害怕的只是麻煩，只是想像的恐懼，只是以為自己搞不定。

　　但人生很妙的是，你愈怕麻煩，麻煩愈來找你。你不怕麻煩了，有耐心地一試再試，功課就完成了，麻煩也消失了，驀然發現隧道也來到盡頭，看見了光。

---

### ・「是」的靜心・

有一個萬用咒語，那就是「是」。任何時候，不管你喜不喜歡、順不順利，或面對正、負面的人事物時，都記得說：「是。」向生命說是，是非常重要的學習，因為小我是「不」，而高我是「是」，「是」是順流，「不」是逆流，哪一個比較快前往彼岸？連續二十一天，看看發生什麼事，也可以用念珠早晚各唸一〇八遍。

13

# 死神

結束與開始　水　天蠍座

## 牌面敘述

　　死神騎著白馬，鋼盔上飄著紅色羽毛，化身骷髏騎士向前奔馳，所到之處一片死寂，曾經呼風喚雨的國王抗拒著，終不敵死神的踐踏；擁有溫柔力量的女神跪在地上，害怕地別過臉去；而掌握權勢的主教掉落權杖，亦畏懼地合十祈求，其頭上尖魚頭帽，象徵雙魚時代結束；只有無知孩子好奇地望向死神。代表

川流不息生死輪迴的冥河（Styx）流動著，河上的船隨業流轉，死神腳跟處有一小箭頭指向一處小洞穴，那是往陰間的通道。雙塔間有一條小徑，一輪象徵永恆的太陽升起，告訴我們有生雖有死，但死亡並非結束，而是新生的開始，就像死神手中的五瓣薔薇旗幟，亦代表不朽的生命力。

## 延伸意涵

死神編號13代表生命中一個階段或一段關係的結束，就算多有權貴，就算百般不願意，也無法避免死亡的來臨。緣起緣滅，本來是生命中必然的結果，換一個深層的角度而言，此牌告訴當事人，結束生命裡曾經擁有的一切固然難受，但也是自我的重生，同時也意味著新的生命開始，勇敢面對人生的各種結束，信任冥冥中宇宙自有其安排。

### ‧花語：彼岸花／死亡之美、分離‧

傳說彼岸花是自願投入地獄的花朵，被諸魔遣回，卻仍徘徊黃泉路上，化為一朵死亡之花，給予離開人界的靈魂指引與慰藉。誤食花後將中毒而死，又叫「死亡花」。死亡帶來分離，但非結束，而是另一緣起開始，此乃彼岸花真義。

● 栗兒 Abha 心靈指引：

# 在任何時刻好好地活

親愛的，你害怕死亡嗎？如果說死亡是一個慶祝，你能接受嗎？

人們畏懼死亡，也害怕談論死亡，在面對摯愛的親人臨終之前的病痛掙扎，我們總是會鼓勵說：「你一定會好起來。加油喔！」

卻沒有人會說：「你一定會死，勇敢赴死吧！」

但我們總會死的，這是這世上最公平的事，每一個人終究一死。衰老和死亡就像人生無情殘酷的利剪，剪去我們的青春，剪去我們的美麗，剪去我們的健康，最後剪去我們的生命。

奧修大師曾說：「重要的不是死，而是如何活。」

不用管你什麼時候會死，而是在任何時刻好好地活，一個人如果未曾為自己全然而活，當死亡來臨時，他總有無數遺憾，總是擔憂死亡將帶領他去到未知的去處，他從未在生前創造自己的命運，更別說死後引領自己去到更好的所在。

很多人歷經死亡前的疾病折磨，充滿了痛苦，信任自己可以穿越這些痛苦，這是業力的燃燒，當我們把焦點放在這些痛苦時，就被恐懼擄住，死亡的陰影將投射到我們的潛意識，鎖住生存的快樂。

一生真的太短暫，我們只能把注意力放在我們想完成的事上。即使遭遇生病苦痛，無法再做什麼事，也要記住，就算你沒做什麼，僅僅存在著，你還是可以發光，散發和藹的安詳之

光，接受一切的平靜之光，光明將帶領你去到神的國度。

　　信任死亡本身是光明的，是解脫的。生命是生生世世，不只一世，死亡意味著這一世你的故事已經完結，不管是怎樣的一生，都是你所同意的命運藍圖，你的靈魂將回到天上休息，或再投入另一世學習。

　　不要帶著遺憾離開人世，如果你想達成的事情，盡量去完成，沒做完的事下輩子還可以繼續。也盡量珍愛家人、朋友，乃至你喜歡或不喜歡的人，他們不會一直都在你身邊。也要練習把心放下，不要執著太多愛恨糾葛，一輩子太短，不要花力氣在不開心的事上，如果你很喜歡憂鬱，感情豐富，那麼你對一再輪迴的那些人那些事，總是不捨，總是傷感，這就是一種情執。

　　學習莊子，面對生離死別以豁達的態度，有緣人終會重逢，也把你的祝福化為光，送給自己和所有相遇的人，超越時空，愛必定抵達。

## ‧死亡靜心‧

平躺下來，像瑜伽大休息「攤屍式」。雙手掌心朝上，擺放身體兩側，雙腳與肩同寬，脊椎和後背緊貼著地面。深呼吸三次放鬆，釋放所有念頭。慢慢從頭頂進入一道金黃色宇宙之光，緩緩布滿全身，如哪個部位是緊的，吸氣把光帶到那個部位，讓光充滿。全身的光流與宇宙之光緊緊連結，感受深沉的平靜的喜悅，如此十到十五分鐘。

14

# 協調

整合與融合　火　射手座

## 牌面敘述

　　有點像是風雨過後現出美麗的彩虹橋，讓心頓然沉靜，眼前的湖光山色中，亦顯現出一種死後重生的寧和氣氛。大天使邁可露出令人心安的神情，張開巨大的紅翅膀，身穿純潔的白袍，上有土元素／方形和火元素／三角形圖案；頭戴的圓形圖案，中間是「終極目標」的圓形黃金小點。祂正將左手杯中的水，緩緩倒

入右手杯中調和著；左腳踩著意識的岩石，右腳踏入潛意識的池水，這些圖像均象徵不同事物的融合，亦代表內在陽性和陰性能量的整合。遠方雙山間閃爍著皇冠的金光，有一條小徑可以前往，一叢愛麗絲花（鳶尾花），則默默在湖畔盛開金色之花，一切充滿祝福的和諧與喜悅。

### 延伸意涵

當一個人身心靈健康時，代表此時的他是協調的，生命課題是一顆平衡的心，也告訴我們應依循中庸之道，並做好整合與協調的工作，和外界進行交流。要相信自己已具備強大的適應力，能夠同時扮演好不同角色，也可以進一步將自己的經驗，傳授給他人，並展開跨越的旅行。此外，此牌亦具有療癒力，一些身心靈方面的問題可望逐漸康復。

### ・花語：鳶尾花／好運、深深的祝福・

又名「愛麗絲」的鳶尾花，為希臘神話中彩虹女神的名字，七彩的顏色皆在鳶尾屬中可見，彩虹也象徵好運與轉變。五月是鳶尾花開季節，花開如蝶飛舞，來自宇宙深深的祝福，化為鳶尾花蝶，代表你與周遭的整合與融合。

● 栗兒 Abha 心靈指引：

# 以天空的眼睛去看天空

　　親愛的，這是你轉變重生的開始了，一切是那麼和諧，天使的翅膀揮舞，山如此沉靜，湖水蕩漾波光，花朵悄悄開放。這樣的美麗景況，增加一點什麼都嫌太多，都是一種破壞，少了一點什麼又有一種缺失，一切都是剛剛好的，不多也不少，呈現一種協調與整合的美。

　　整合是彼此的融合，不僅是花與花之間的融合，更是花與湖水，與群山的融合，應該說整體的融合。因為這樣的融合，才能產生協調之美。這中間彼此有一種穿梭，有一份尊重，有一個節制，沒有過多的自我，使能量產生傾斜，而致失去平衡。

　　在同一個空間中，某個能量太強大，就會使別的能量縮小，父母如果太強大，孩子就會顯得無能，就是這個道理，如果你要讓你的孩子茁壯成長，就不要太照顧他，必須讓他去跌跌撞撞，讓他去犯錯，讓他去迷路，然後某一天他就會是他自己，而不是你的複製品。

　　太多時候，我們總將自己的意識強加在別人身上，也過於堅守自己認定的信念和價值觀，而忘記了與時俱進，忘記了保持彈性，變成一個老頑固。或者，我們也一直沉溺於叛逆，討厭被制約，討厭受限，一定要反對什麼，才代表肯定自己，這是另一種青春頑固。

　　這世界有一個祕密，不是你用你的眼睛去看別人，去看天空，去看樹木，去看動物，而是你能深入他人的靈魂，

以別人的眼睛去看別人，以天空的眼睛去看天空，以樹木的眼睛去看樹木，以動物的眼睛去看動物。當你具有這樣的穿透力，你內在的視野會打開，你會變得更有同理心，同時，你會更認同別人和周遭一切。你也會節制你自己，給予的剛剛好，取得的剛剛好，不多不少，因為你將更明白，你是別人，別人是你，你是天空、一棵樹、一隻狐狸，你將能與萬物產生一種交流和連結，整合成一幅天堂的織錦。

　　親愛的，這個地球，這個世界已經充滿太多的混亂、對抗與分裂，每一個人如果都控制不了自己的脾氣，都任性無比，都無法妥協，那就是地獄。從你自己開始，願意去肯定，放下否定；願意去聆聽，放下批判；願意去療癒，給一點溫暖出去，那麼你就創造了你的新天堂樂園。

### ・認同他人靜心・

當自己和別人隔離時，分別心就會出現，就無法同理、同情，甚至和他人協調，因為你的心沒有去認同對方，你就任性自己，沒有節制了。在路上或搭車時，找一個你不喜歡的人，觀察他的舉止，注意力放在他的心輪，感受一下他的心，保持敞開，允許一個肯定他的洞見出現。

15

# 魔鬼

無知的限制　土　摩羯座

## 牌面敘述

　　取代拉斐爾天使的祝福，代表物質傾向的魔鬼，為戀人帶來詛咒。祂張揚著蝙蝠翅膀，而固執的驢耳、羊角和鳥爪，都是動物本能的顯現；頭頂的五角星，角尖朝向物質世界的地面。魔鬼右手為黑魔法手勢，手心有土星符號，土星是摩羯座的守護星，代表束縛與限制、困難與延遲之星；左手下垂持著火炬，將欲火

能量傳入地上。整個背景都是黑色，象徵內在精神世界沉淪於黑暗勢力的亞當和夏娃，已經看不見真實且失去愛的能力，他們也長出角和尾巴，一者尾巴是火焰，一者是葡萄，被自我和欲望的鐵鍊套住，事實上他們脖子上的鎖鍊是鬆的，是他們自己套上的，但卻不願脫離。

### 延伸意涵

此牌警示當事人深陷小我的物欲中，一心貪戀名利權位的追求，過度放縱的生活，導致靈性墮落，並因這些欲望變成一種癮症，使自己深受桎梏卻不自知。感情方面，也預示著出於利益或性欲的結合。每一個人心中都有惡魔存在，你可以選擇它，也可以放下它，別忘了每個人內在也都有神性，如何讓神性發光，戰勝魔鬼考驗，鑰匙在你手中。

### ‧花語：水仙花／自我、傲慢‧

希臘神話美少年納西瑟斯愛上水中自己的倒影，死後化為水仙，水仙便成為自戀的象徵。自戀的人往往活在自己的世界，無視他人，每天對鏡顧影自憐，卻不願走進他人的世界，形成以我為中心的傲慢，這也是一種無知的障礙。

## ●栗兒Abha心靈指引：

# 不讓欲望變成一種癮症

　　親愛的，這世界充滿太多摩羯座，我不是說摩羯座不好，社會上成功人士往往具有摩羯座的特質，像是不屈不撓的耐力與奮鬥精神，還有責任感，立下目標，使命必達。但摩羯座的缺點也來自過於目標化，不願妥協，對人就少了一種發自內心的溫暖和同情，而顯得太個人主義。摩羯座的控制欲，凡事要按照他的想法和標準，且愛批判，也會讓人覺得和他在一起很有壓力，所以摩羯控的人通常很孤獨。

　　摩羯座的守護星——土星，在占星中代表著限制、冷漠、壓力、困難等等，土星所在宮位往往象徵人生必須面對的嚴肅課題，還有應該負起的生活責任。

　　我為什麼在這張牌去談論這些呢？其實沒有所謂的「魔鬼」存在，摩羯座和土星並不意味著就是魔鬼，相反給我們一個提醒，地球的能量波動就是受物質的業力之輪牽引，當我們掉入到業力之輪時，小我就會不經意地自我膨脹，就像水仙花或摩羯座一樣，不自覺地愛上自己，追求個人目標，就像上癮的人一樣，不斷地輪迴在追求的欲望上，變成一個擺脫不去的循環，愈活愈有壓力，然後魔鬼就上身了。

　　我們內在總有兩個聲音，一個聲音是天使，一個是魔鬼，一個是神聖有光，一個是灰色黯淡，就看我們是出於愛的責任或是出於個人主義去選擇，而這也是摩羯座的選擇，因他們兼具這兩者（責任和自我）的特質，而選擇之後，摩羯座總能堅持到底的。

在此，針對魔鬼這張牌，我還要給一個建議，保持減法方式去生活，保持無欲則剛、反璞歸真，也就是如果你為了想獲得什麼或做什麼而抽中這張牌，請你好好評估，那是出於需要，還是出於想要；出於利他，還是出於利己；如果你已經擁有三件名牌襯衫，就不需要再買了，一件去洗，一件現在穿，一件等著穿，夠了，不用再多了，等穿壞了再說。如果你想去旅行世界，是為了開拓視野，豐富閱歷，還是為了累積里程碑，炫耀成績，前者的話沒問題，後者的話請再考慮。

這世界充滿了shopping，充滿了購物狂，你需要的不是再要什麼，而是不要什麼。不要再增加地球的負擔，製造垃圾，建立環保意識，就能離開魔鬼的束縛。

---

**· 無事靜心 ·**

無事一身輕，很多人體會不了，也害怕無事，好像沒做點什麼，心裡不踏實：沒有做好準備，應付可能發生的情況。給自己十五分鐘，什麼事都不做，也不想任何事，跟自己說：「就是沒事。」你可能覺得無聊，就保持無聊，維持無事狀態，這是很重要的生命沉澱，也是安忍的訓練。

16

# 高塔

無常的意外　火　火星

## 牌面敘述

　　代表人世間頂尖成就，由物質堆砌而成的一座山頂高塔，忽被雷擊中而搖搖欲墜，冒出熊熊火花，剎那間煙塵彌漫，灰雲降下災難雨水，一切即將化為烏有。象徵統治、權力和財富的皇冠也岌岌可危，即將毀滅，傾權一時的國王或教皇，再怎麼高傲自大，亦不能倖免於難，驚恐地從高塔墜落，所有繁華轉眼成為

泡影。這閃電是來自於上帝的提醒，激起的二十二個火花正是二十二張塔羅大牌；背景全黑，代表黑暗時期，有好運有壞運，人人都一樣。這場突如其來的遽變，雖帶來毀滅，卻也意味著另一種釋放，上天透過無常和意外，重新為你洗牌，也讓你看清楚生命的真實。

### 延伸意涵

抽中此牌可能面臨意外變化，也許會失去什麼，在感情、工作、健康等方面，將遭到突如其來的幻滅，任何的意外都有它背後深藏的道理，這座你砌築而起的高塔，某種程度而言，也是囚禁你的心靈監牢，如今倒塌墜落，必然有上天要傳達給你的訊息。這時，你應清理負面情緒並重新站起來，未來某一天，回頭檢視時，將有意味深遠的答案。

### ‧ 花語：鼠尾草／療癒、淨化 ‧

俗話說：「家有鼠尾草，醫生不用找。」有「神聖的藥草」之稱，拉丁學名意為「拯救」，可解救世人免於疾病之苦，具有健康強身的療癒效果，也可淨化空間磁場及個人，將生命無常視為一種淨化過程，一切都是最好的安排。

●栗兒Abha心靈指引：

# 從高塔跌落依然臣服接受

親愛的，你為自己建築一個什麼高塔呢？不斷地層層堆疊，變成一座地標，象徵你生命的累積和成就。

每一個人的高塔內容都不一樣，有的放滿了公主的尊貴與驕傲，有的是閃亮亮的金幣與珠寶，有人收藏著知識與榮耀，有人是無數權勢的高帽，有人的高塔都是家族的成員，還有的人裡面空蕩蕩，什麼都沒有……。隨著時間，這個塔被你一磚一瓦愈堆愈高，高到你以為它很巨大，很堅固，可以矗立到永遠，甚至成為一座古蹟被人憑弔。

但是，某天一道閃電，一場颱風，一個地震，高塔被擊倒摧毀，你不得不跳離逃開，然後你才發現，這座高塔其實一點都不安全，隨時都可能消滅。而閃電、雷雨、颱風和地震，是隨時都在發生，你發現你因為高塔太高大而產生錯覺，以為這一切都是永恆不變。

親愛的，這個物質世界所有的無常與意外，就像閃電、雷雨與暴風一樣，都是正常的，所有你以為的「問題」都是必然發生的，只是你認為你所追求的，所擁有的，甚至你的生命都是那麼真切，都像那座高塔一樣堅不可摧，而一旦被摧毀、被破壞，你就難以接受，受到傷害了。

面對生命突如其來的災難，信任那其實是宇宙的一種淨化能量，讓我們重新省視生命所在的位置，這一刻的自己，是否迷失了，還是走在原初的理想上。也許我們會失去所愛，但也讓我們升起面對的勇氣，不執的瀟灑，還有一種真

正的樂觀，相信一切都可以重頭開始，重新開啟新生。

　　過去種種譬如昨日死，今日種種譬如今日生，人生不過是一天的生與死，生命沒有未來，那是你被線性時間給欺騙，但時間並非如一條流動的河，時間永遠是當下的這一刻，如同底片的一格，你只是被投影給誤導，以為那是連續的。「無常觀」最重要的是在片刻片刻的一瞬間，保持全然的臨在，那麼每一刻都是如此鮮活而美麗，上一刻或下一刻永遠不會重複，不必哀嘆或惆悵，因為每一刻的精采都是你創造的。這一刻憂鬱或快樂，由你決定，凡人總是被生活的處境給限制，從高塔跌落還是可以帶著一份順其自然的臣服與喜悅，終於你擺脫了高塔，新的世界即將為你展開。

### ・捨得靜心・

你可以試著坐一次雲霄飛車，從高空往下俯衝，大聲吶喊「啊」的一聲，去體驗好像快失去自己的感覺。接受無常是很重要的煉心術，「斷捨離」是接受無常的心法，能斷我執，能捨布施，能離我愛。今天起試著把自己喜歡的物品送給需要的人，同時控制自己的購買欲，連續二十一天。

# 17
# 星星

帶來希望的星辰　風　水瓶座

## 牌面敘述

　　布滿星光的天空下，一名赤裸的女人，既代表無所拘束，也代表真實的自己，正將雙手上的水瓶往下倒水，一手往潛意識的池塘傾倒，另一手往意識的草地注入，草地上的水亦流進池中，象徵頭腦與心靈、意識和潛意識的合一。水瓶內的水是生命之水，也意味注入源源不絕的活力，孕育萬物生機。草地上開出了

花，山丘樹上的一隻朱鷺，傳說中的不死之鳥，正在謳歌，唱出寧靜與安詳的永恆之曲；星星指出充滿光的未來，旅人在經歷一切遽變後，精神終於獲得平靜，可以放下心來。夜空的星辰有七顆北極星和一顆大的天狼星，給人指引，也給人希望，一切將往更好的方向發展。

## 延伸意涵

此牌揭示歷經高塔的墜毀之後，一個新的生命出口，一種不受束縛的自由，像嬰兒一樣地呼吸。星星的自癒能量，將為你帶來另一股寧靜的力量，療癒疲憊的身心靈，同時也告訴我們，不管遭遇多麼大的人生風暴，終究會過去，只要內心保持安靜與信心，順應宇宙之流的指引，外在的擾嚷不安無法影響任何，要不斷為自己內在中心，時時注入正向的生命之泉。

### ‧ 花語：滿天星／喜悅、指引 ‧

滿天的星辰不僅在天空中，也在這一束小花中。霞草就是滿天星，輕盈純潔的白色小花開在每一根細枝頂端，如繁星點點，如許動人，為我們帶來希望的指引和內心的喜悅。滿天星雖是陪襯，卻是嬰兒最具活力的呼吸（Baby's breath）。

●栗兒Abha心靈指引：

# 放鬆在這一刻等待奇蹟出現

親愛的，這一刻你充滿著希望和信心，一切不順遂和意外帶來的困境終於停止，一個新的方向也為你呈現，如同夜晚北極星為你指引去路。

在這一刻，你甚至感到一種無事的幸福，想要停留一下，稍微讓自己有個輕鬆的停歇，為自己注入些能量，更有活力。這一刻的湖水與草原，是你內在的祕密花園，你感覺到前所未有的平靜，可以真的把心安住。

你的人生好像一直在備戰狀態，為爭取什麼而奮戰，總是馬不停蹄。現在，回到嬰兒純粹的呼吸，自由自在，在此與整體合而為一，信任自己會愈來愈好，愈來愈健康，做任何事愈來愈容易，充滿喜悅。

如果你是一個停不下腳步的人，或總是緊張擔心，沒做好事，不夠認真努力，就會被淘汰，就賺不了錢，就落人之後，那麼你的潛意識將儲存著莫名的焦慮。要解除這個制約，唯一的辦法就是你要保持意識，當察覺自己掉落到慣性思維時，記得跟自己說：「Neti，Neti，不是這樣，不是這樣。」這是印度瑜伽去除負面想法時的做法，做這個取消的動作，會協助你更快速調整到正面樂觀的方向。我們的想法決定我們的未來，信念創造實相，所以一個充滿活力而正面能量的人，不是他沒有挫折，而是他能運用情緒的能量去轉化挫折，為自己的命運轉個彎，朝向愈來愈好的人生道路。

我試驗過很多次，當遭遇到不順遂，我的心志開始脆

弱，開始懷疑自己可能不會成功時，就會有很多憂慮，就想做什麼去轉變情況，又開始覺得很累，很無力；可是在此有一個扭力點，當一旦察覺自己被負面思維給抓住時，我就對自己說：「喔，又來了，Neti，Neti。」然後，我就放鬆在這一刻，等待「奇蹟」出現，把結果交給宇宙，信任祂給的都是最好的。當然我還是會「盡我所能」地「做我能做」的，我只是不往負面去想，那不是我的方向，我讓我的潛意識和意識處於全然的宇宙意識，我放鬆在我的祕密花園，像一顆星星，等待天啟發生，等待黎明出現。

很多人知道不往負面去想，但缺乏耐性等待，他們太性急了，總想立刻、馬上就有轉機，記住這張牌，就是讓你保持在星星的狀態，一切會愈來愈好。

### ・星空靜心・

仰望星空的時候，你記得了宇宙，知道自己從哪裡來，某一個星辰是你，也是你靈魂的歸處、真正的家。在有星星的夜晚，請抬頭看看星空，至少十分鐘以上，這個連結會協助你對未來更有方向，順應宇宙之流前進，或者靜坐閉眼冥想星空，至少二十分鐘。

18

# 月亮

不確定的變化　水　雙魚座

## 牌面敘述

　　充滿詭譎與曖昧的畫面，一隻馴化的狗和一隻野性的狼正在對月吠叫，由新月、滿月及女人臉孔（慈悲之臉）組成的月亮，外圍各有十六道大、小光芒，高掛天空，下方懸了十五滴思想的露珠。女人的臉似在沉思，帶著一絲憂慮神情。月亮代表陰晴圓缺的變化，亦深藏著內在的隱憂和陰暗面。石柱間延伸至遠方的

小徑，似乎通向不為人知的隱晦深處，連狗和狼都感覺到不安的氣息而狂叫著，恐懼的龍蝦則正試圖逃離水池，往陸地爬去，正好接連著那條小徑，小徑兩側分別代表理想與現實層面。一切的景象顯得如此荒涼而神祕，在看不見的前方，好像有著未知的恐懼正在等待著。

## 延伸意涵

　　此牌象徵當事者正處於惶恐不安、擔心害怕的情緒狀態，可能迷惑於未知的將來，或是處於陌生中的焦慮，甚至是面對敵人的危險，莫名的背叛、中傷，以及不可告人的祕密之類。月亮與潛意識有關，透過夢境、幻想和情緒的反應，深入探索自己的潛意識，也許因觸及黑暗面而產生不快，若能坦然面對，並轉化為正面能量，不啻為改變的契機。

### ‧花語：曇花／一瞬永恆、綻放內在‧

月亮出來時，月光照在夜裡開放的優曇缽花，徐徐吐露的白色花瓣，皎潔如明月的光，彷彿打開心深處的內在，在不確定的變化中，總有一瞬間的永恆片刻。一晚的開花天亮即闔上，曇花一現，美好稍縱即逝，唯有珍惜，不必嘆息。

## ●栗兒 Abha 心靈指引：

# 借太陽的光照耀月亮的陰暗面

　　親愛的，月有陰晴圓缺，其實月亮是不變的，那是我們在地球看月球時，看到它部分受太陽照射、部分是自身陰影所呈現的週期變化。月亮散發皎潔的白光，如此柔美，但月亮的光是借來的，因為衛星並不發光，恆星才發光，月球的表面實際上很黑暗，它的光是反射太陽的光，借太陽的光而來的。

　　如果太陽代表陽性／顯性的一面，那麼月亮就代表陰性／隱性的一面，特別是我們不想為人所知的陰暗面，埋藏於潛意識的情緒和隱憂，雖然你會掩蓋它，不願對外洩漏，但無數的夢境和溢出的想像，還有莫名的情緒，都會悄悄地釋放你的不安、惶恐。

　　在塔羅牌中，月亮代表著曖昧混沌、昏暗不清的時候，一切處於舉棋不定、飄忽多變的不穩定、不確定。親愛的，這不也是我們人生經常要面臨的處境，你彷彿陷在某個泥淖，動彈不得，生命如此灰暗，如同月球崎嶇不平的暗黑表面。

　　很多時候，你必須直視自己的黑暗面，才能看明白那些內在猶疑不決的癥結從何而來，你得親自解開糾結，不能期待命運之神為你改變。你必須決定好了，走出舒適區，深入你的潛意識，從你的夢境、從你的念頭、從你的情緒著手，看看你每天做些什麼惡夢，腦子總是傳達什麼負面消息，總是憤憤不平、唉聲嘆氣。

　　抽到這張牌是一個好機會，是時候去面對內在的黑暗

面，否則它將阻礙你去完成真正想做的事。去看看你一直想做的事被什麼給阻礙，比如你一直想離開／結束某段關係，卻遲遲無法下決定，你想一想，原來是被「害怕孤獨」給阻礙，而「害怕孤獨」可能源自童年父母離異的被遺棄感，這份痛苦被儲存在你的潛意識，形成一個黑暗面，你不願再重複同樣的痛苦。

我們每一個人都有黑暗的一面，不為人知的一面，黑暗面也是我們的感性面，代表我們情感上的糾結與執著。月亮漂浮宇宙始終順著地球繞行，我們的黑暗面也如月亮一直繞著我們，但你不需要被它打擾，別忘了月有陰晴圓缺，你不要朝向月球的陰影部分，而要朝向太陽照射的部分，借太陽的光來照耀自己。

當黑暗攤在陽光底下，黑暗就消失了，只剩下愛的覺醒。

### ‧ 滿月靜心 ‧

每月滿月時，你可以到戶外凝視月亮，觀想它柔和光輝沐浴全身，也允許月光流入心輪，有些過去在月光下栩栩如生，但那只是一種幻影，就像水中月一般，那些過去慢慢在月光下暈開來，淡化散去，被月光給清洗潔淨，你的心也升起一種寧靜，每月你都可以這樣淨化一次。

19

# 太陽

生命的喜悦　火　太陽

## 牌面敘述

　　越過灰色的圍籬後，全身赤裸，無比純真自然的孩子，頭戴雛菊花環，還有一根和傻瓜、死神同樣的紅色羽毛，敞開可愛甜美的笑容，在陽光下騎著白馬，甚至沒有任何馬鞍或韁繩，打開的右手以迎向世界之姿前進，左手揮舞著一襲長長的代表行動力的紅色旗幟，如許輕而易舉即可駕馭一切。背後盛開的向日葵，

全都面向孩子，而非面向太陽，表示他具足強大的能量，展現越過死亡之後，重獲新生的生命力。圍籬內代表人造花園，但太陽之子卻選擇奔向自然。四朵向日葵代表地水火風四大元素，而天空中閃耀二十一道金色光芒的太陽，更代表一切如此溫暖美好，充滿快樂。

### 延伸意涵

太陽牌是心靈塔羅牌卡中最充滿光明面的一張牌，似乎告訴我們走過陰暗面之後，即能步向美好的境地，且唯有保持光明的樂觀態度，時時以太陽溫暖的能量、純真的自信，鼓舞任何時刻的自己，才能成功完成所有事情，得到全然的生命喜悅。抽到此牌者，也提醒你放下手邊的事，好好去曬曬太陽，或去某個熱帶地方放鬆一下，將有愉快好心情。

### · 花語：向日葵／光明、忠誠 ·

任何時候都面向陽光，開心時，傷心時，得到時，失去時，都記得面向太陽所在的位置，這就是向日葵帶給我們的啟發。以一種向光的忠誠，向日葵如一個大鐘面的花姿，時時展現著存在的喜樂，明朗光明，就是太陽的精神。

## ●栗兒Abha心靈指引：

# 你就是太陽

　　親愛的，你今天曬太陽了嗎？特別在冬天，我們更需要溫暖的陽光。冬天過去，春天來臨，世界重新，這是大自然生生不息的生命力，孩子燦爛地笑，充滿陽光的心，一切如此容易，帶動萬事萬物迎向繁榮。

　　再沒有比一顆光明的心更重要的了，你學習很多事物、很多知識，甚至很多修行，但如果你沒有學習太陽，讓你的心去發光，去展現光明，也讓你的才華發光，讓你的愛發光，那麼這一生你的春天不會來。

　　太陽是恆星，恆星是自己會發光，所以要自己去發光，不是等著別人來照亮自己。在此，有一個心法請記住：「你就是太陽。」任何時候都跟自己說：「我是太陽。」你可以說三次，代表一種確定，然後看看自己的心有怎樣的變化，一些雲霧般的迷惑有沒有減少，一些人情冷漠的傷害有沒有淡化，一些令人惆悵的低潮有沒有好轉。

　　你還可以選擇一天兩個時段去連結太陽的光，一個是早晨，一個是黃昏，日出的太陽是迎向世界，日落的太陽是回歸自心，看你的需要去選擇，你不需直視太陽，只要沐浴在陽光下，讓陽光喚醒你的心，使你記住：「我是太陽。」

　　「我是太陽」真正的意思是「我是光明」，當然，你可以說我沒辦法讓我的光大到像太陽一般，我只能是蠟燭的光、燈泡的光、火炬的光而已，我不想太燃燒自己照亮別人。

　　親愛的，光不在於大或小，在完全黑的時候，一盞小燭

火也足以照亮四周，做你能做的，即使是小燭火也可以，宇宙有宇宙的法則，你有你的成長之道。重要是，要能發光，因為那是你生命的能源，一個人一生中沒有發光，他的生命是黯淡灰澀的。光是火的能量，是向上的，一個人的生命發光，就能協助他從下三輪，穿越第四輪（心輪），來到第五輪（喉輪），乃至第六輪（眉心輪）、第七輪（頂輪），如果你只是應付世事而生活，謀生而已，取得社會成就而已，你的能量僅停留在下三輪，心輪的能量只會往下不會往上，但如果你發光了，你的能量就能來到上三輪靈性位置，你的生存就變得很容易，很自由，很純潔，很喜悅，順應天道與真理而行。這張牌提醒你：發光，成為太陽，成為光明，成為你自己。

## ·太陽靜心·

早晨時，靜坐十分鐘，脊椎挺直，眼睛閉上，自然呼吸。觀想在你頭頂上方出現一輪金色太陽，金色陽光照耀你的四周。接著太陽的光從頭頂進入你的身體，全身都是金色的光，全身都是光明，再從心輪放射出金色的光，和周圍的陽光合而為一。你的一天從充滿了陽光開始美好的日子。

20

# 審判

覺醒的意識　火、水　冥王星

## 牌面敘述

　　女祭司幕簾背後的潛意識之海再次出現，但已是生命旅程的最後，在此漂浮著許多灰白色棺材，代表舊有的慣性和模式。上方大天使加百列吹著號角，召喚著棺材裡的人們，加百列為傳達宇宙訊息，並克服溝通障礙的天使，七道放射線為七個音階，象徵來自宇宙的療癒之音。此時灰色的男人、女人、小孩紛紛張開

雙手，虔誠仰望著天使，意味人類從小我、負面和物質世界的制約徹底解放出來，願意和高我進一步統合。在審判日到來的這一刻，所有的因果報應一併驗收，號角上綁著一張正方形紅十字旗幟，正是業力平衡的象徵。遠方的雪峰和傻瓜相同，都是智慧的巔峰。

## 延伸意涵

此牌表示將面臨來自外界及內心的召喚，不管是工作、想法或是自我的覺醒，因這召喚，帶領你來到一個關鍵時刻，並提供一個審視生命價值與擺脫制約的機會。但這並非出自命運使然，而是你自己的回音；當你回應內心召喚，便能做出最好的判斷。同時也意味過去所做所為，如今將有實際收成，審判已有結果，而你想擺脫什麼樣的處境，時候也到了。

### ‧ 花語：薰衣草／祈福、美好 ‧

從普羅旺斯到北海道，一片藍紫色的唇形花海，正是薰衣草的自然傑作。這「寧靜的香水植物」又名香草，具鎮定、止痛、放鬆妙用，可減輕壓力和沮喪感，亦有美好的祈福之意，同時藍紫色也代表第三眼開啟意識的覺醒。

## ●栗兒Abha心靈指引：

# 審判就是對自己人生的一個盤整

親愛的，讓我先說一個真實的故事，某個人因為一場意外而經歷了特別的瀕死經驗。當意外發生時，他的靈魂即被一道光給接引，來到某個中繼站，許多靈體都在此排隊，等候去到不同所在。在一個不斷轉動的鏡像中，這輩子所作所為一幕幕輪轉而出，之後由一位審判長清點完畢，決定靈魂下世再到哪裡學習。而這個人因為具有俠義之心，生前雖也做不少錯事，卻因為他總是助人為樂，所以被判決再回來繼續修行，於是他又回到這一世，醒來時，已經是昏迷兩週後的事了。

親愛的，這個故事告訴我們兩件事，一是生命不是只有一世，如果你這一世在某個課題沒有成長，下一世就繼續學習；二是任何一點點的善心善意善行，都足以影響我們的命運，種什麼因，得什麼果，這是宇宙因果法則。當你創造什麼業力，那個循環就會在審判日時回應到你身上。

這絕對不是懲罰，很多人以為審判就是一種懲罰，不是的，審判代表一種終結和收穫，你準備好開始品嘗自己栽種的果實了。比如你總是放縱欲望，或者欺騙，或者自私貪婪，那麼套句佛教用語：「不是不報，時候未到。」當然如果你做了很多好事，默默行善，給人支持，雪中送炭，你創造了一股善流，也是時候得到回報。

我無意用這麼老派的說法去詮釋「審判」這張牌，不如說這是你對自己人生的一個盤整，醞釀新的方向。在某個可

以結束的生命階段，你重新審視自己的過去，哪些是可以丟掉的思維行為和負面制約，它像一堵牆限制你的生命，而你可以從這個圍牆走出來，開創新生。每一天晚上，你都可以這麼做，審判自己的這一天，然後更新靈魂密碼，讓舊的自己死去，第二天早上，讓新的自己重生。

　　啟動你的第三眼，讓自己更有洞察力，明白什麼事是往高級的靈魂升級，而什麼事讓我過度著迷而著魔墮落。與你的加百列天使對話，祂會協助你更有判斷力，更知道如何順應天道而行，知道自己該說什麼，該做什麼，不該說什麼，不該說什麼，也會讓你明白，惡魔正在困惑你。惡魔不是誰，是自己的黑暗力量，看清楚它，勇敢揮別它，就是迎向美好的時候。

---

### ‧寬恕靜心‧

選擇一個你覺得可以原諒的日子，決定好一個人、一件事你可以原諒，也許別人對不起你，也許你對不起別人，或者不管怎樣，就是過意不去。原諒自己或原諒別人，原諒一個不開心的遭遇，原諒所帶來的寬恕能量將為你重啟命運。用張白紙寫下這個人或這件事，然後以主導性的手畫一個╳，對自己說：「我可以放下了！」再將白紙用火燒掉或撕掉。

21

# 世界

抵達與合一　　土、風　土星

## 牌面敘述

　　傻瓜來到世界旅程的終點，已然融合陰陽力量，達到天地人與身心靈合一的智慧。為了歡賀這一刻，兼具男性與女性能量——赤裸的舞者在空中漫舞，雙手喜悅地揮舞著權杖。身上纏繞最高覺悟的紫色絲巾，代表神性就在每一個人心中，我們的內在都是一個佛。外圍是橢圓形的綠色桂冠，加冕其成功，上下方都

用紅絲帶繞成「無限」的倒八字符號。牌上四角命運之輪曾出現過的老鷹、獅子、牛、人，已經獲取書中的智慧，均在此牌中達成使命。背景的藍空既代表無垠的宇宙，也代表真實的智慧，我們都是世界的一分子，也願意以光與愛獻給世界，我們都是一體的，我們就是世界。

## 延伸意涵

21是過去、現在與未來的總和，此牌象徵成功抵達終點，實現目標，或是一段生命旅程的完成，不管是愛情、學業或心靈追求，你都有美好的結局，身心靈亦得到男性、女性能量的平衡與協調，青鳥已在你手中；命運之輪所要揭示的生命智慧，在這趟世界的旅程中，已讓你圓滿尋獲。你也明白了變動正是宇宙的法則，而在變動中，因為不變的光與愛，使你更能悠然自得。

### ‧花語：康乃馨／偉大、神聖‧

母親節代表花康乃馨，即偉大與神聖之意，獻給慈愛的母親再適合不過了。馨香柔美的波狀花型，楚楚動人，據說耶穌基督誕生時，此花才從地下長了出來，故被視為喜慶之花。當與整體合一，抵達大我之愛時，就是We are the world（世界一家）。

● 栗兒 Abha 心靈指引：

# 你是萬事萬物，萬事萬物是你

　　親愛的，恭喜你，這趟馬拉松式命運之輪的冒險旅程，你已經成功來到最後的終點，世界與你一起同歡，你擁有了整個世界，整個世界也擁有了你。

　　方濟教宗曾寫下聖誕夜之美，非常動人：「當你下定決心，日日新生，並讓上主進入你的靈魂，聖誕節是你。當你抵禦生活中的風暴與艱難，聖誕樹是你。當你以你的美德裝飾你生活的色彩，聖誕飾品是你。當你召喚、聚集人們並尋求合一，聖誕鐘聲是你。當你用你的生命、善良、耐心、喜樂和慷慨來照亮他人的道路，你也是聖誕燈。當你向世人傳唱和平、正義與愛的訊息，聖誕天使是你。當你帶領人們遇見上主，聖誕星星是你。當你把最好的東西給人，你即是智者。當你克服戰勝自己，獲致內在的和諧，聖誕音樂就是你。當你真正與人為友，成為兄弟姊妹，聖誕禮物是你。當你親手寫下善意，聖誕賀卡是你。即使受苦、委屈，當你選擇原諒，重新締造和平，聖誕祝福是你。當你以食物與希望，滿足身邊的窮人，聖誕晚餐是你。在寂靜的夜晚中，沒有喧譁和大肆慶祝，你謙卑而醒覺自願地迎接世界的救主，是的，你是聖誕夜，你是信任而溫柔的一抹微笑，在永恆的聖誕節的內在平安中，在內心建立了天國。」

　　這個喜樂的意境，正是終極的世界，也是美好天堂的呈現，你可以把上主（God）換成佛陀、阿拉、宇宙，或者神、菩薩，也可以把聖誕節換成佛誕日、開齋節，或是你最喜歡

的節日、生日都沒問題，其最重要的涵義是：「你是萬事萬物，萬事萬物是你。」

我們曾經跋涉千里，走遍千山萬水，為了尋找幸福的青鳥，最後發現原來牠一直在家門口，可是如果沒有這趟追尋的過程，我們永遠不會察覺、不曾明白。我們每一次離開，都是為了再回來，帶著不同的眼光，重新凝視存在之美。然後，我們可以不再追尋了，可以在這一刻停駐安歇下來，時時刻刻、在在處處與神合一，因為我們已經找到永恆的安定之鑰，任何無常處境，那個興盛榮枯的幻影都不再讓我們產生恐懼，無有恐怖，遠離顛倒夢想。那把安定之鑰正是你下定決心，日日新生，讓大我的愛進入你的靈魂。

## · 合掌靜心 ·

每個人都是一個佛，合掌既是對別人的禮敬，也是對自己內在神性的禮敬。合掌靜心是最美的禮敬天地，與天地合一的靜坐法。首先雙掌合十，置於胸前，閉上眼睛，放鬆而專注地將注意力放在雙手中指會合點。可在清晨起床或晚上入睡前進行二十分，將帶給你無限喜悅。

# 心靈樹卡

## 占卜‧療癒‧靜心

# TREE OF SOULS
# HEALING ENERGY CARDS

——41張樹禪卡＋牌卡使用解說書＋牌卡收納絨袋

知名心靈作家‧靈氣師父
**鄭栗兒** 著

## 這套樹卡具有獨特的心靈療癒力量
## 期待你找到屬於自己的樹，也成為一棵無與倫比的大樹

每個人都有一棵屬於自己的樹
當我們找到屬於自己的樹
並與它的能量連結，重新回到種子的身分，再次茁壯成長
相信透過這份滋養與支持，可以使生命擁有不一樣的視野
乃至會改變身體和心靈的波動，朝往更美妙的方向而去

> 華人世界唯一具有療癒能量、
> 靜心品質占卜牌卡

※ 華人世界唯一具有療癒能量、靜心品質占卜牌卡。

※ 一套結合「禪意、占卜、靜心及宇宙洞見」
　 的心靈樹卡。

※ 這套樹卡，是你「通往幸福」的療癒之道。

※ 41張樹卡意涵與解說，深具文學與詩意，
　 每棵樹都是一篇優美動人的散文詩歌。

● 特聘新生代小清新繪者尤淑瑜，
　 以真摯靈巧的圖畫風格，
　 傾力繪製 41 張樹卡
　 （包括 1 張代表高我力量的黃金樹卡）

● 41 張樹卡，
　 均由栗兒老師啟動靈氣，
　 將能量灌注其中

**心靈樹卡：占卜‧療癒‧靜心**

鄭栗兒◎著

【出版】2014 年 12 月 15 日
【定價】750 元

好讀出版 心天地 07

鄭栗兒◎著

寫作也是一種修行

寫作也是一種修行

鄭栗兒 著

「為什麼我要成為一個作家，或說，為什麼我要書寫？

做為一個作家，我總是對於內心瞬間一閃而過的靈感，那些來自宇宙的訊息、生命的吉光片羽，感到無比的振奮。

唯有以筆去捕捉，藉此引領自己，療癒我自己，就是我寫作的意義。」

寫作不只是修行，更是一場心靈療癒。

在繁忙的生活中，請允許自己靜下一刻，拿起筆，讓資深編輯＆作家鄭栗兒帶領你，書寫自我。

在寫作裡，找到一片廣闊的天空。

原來，最療癒的文字，是自己寫下來的。

全書分成兩大部分，有實用的書寫技巧，以及寫作的修煉心法。

PART 1. 對於寫作的一些建議

用具體例子，加上多篇範文，突破寫作障礙！

十個寫作障礙：

● 完美主義　　● 詞不達意

● 麥當勞速食主義　　● 靈感瞬間流失

● 猶豫再猶豫　　● 流水篇篇

　　　　　　　　● 素材貧乏

　　　　　　　　● 譁眾取寵

　　　　　　　　● 不喜歡寫作

PART 2. 訂下寫作的修行足履

寫作是一次次的自我修煉，如何透過寫作「catch生命的一瞬」。

「唯有保持一種真誠敞開的態度，忠於自己的內在，讓書寫自行去運作，你不用設限一定這樣或那樣才是完美，就只是寫寫寫，培養書寫的習慣，靈感自然快速湧現。」

寫作最大的祕訣，在於認識自己。

你準備好，開始寫了嗎？

【出版】：2017 年 8 月 1 日

【定價】：260 元

【出版】：2016 年 11 月 1 日
【定價】：260 元

**尋找星星小鎮**（復刻版）

鄭栗兒◎著

尋找 星星小鎮

復刻版

好讀出版　典藏經典97

鄭栗兒──著

1991年9月，孕中的栗兒開始寫《星星小鎮》（這時還沒加上「尋找」二字）
1992年10月，《尋找星星小鎮》完工
1993年8月，《尋找星星小鎮》首次出版
……中間歷經了再版、三版
2016年11月，《尋找星星小鎮》復刻版面世

時隔廿多年，跨進廿一世紀，栗兒的文學之心不滅，只走向了心靈更高層次的療癒追求
如今的她，會想對當年的自己，說些什麼呢？
但她是不會遺憾的，她曾在書中這麼說。

《尋找星星小鎮》，
分享了一群年輕人的青春寂寞故事，更多的是主述者「我」對理想之境的探求。
青春就該揮灑，就該快樂，就該哄鬧不已，不是嗎？
在書中，以上這些青春痕跡，「我」都擁有了，卻為何依然孤獨而沉靜呢？她在內心依舊不斷問著：
「星星都到哪裡去了？它們死了嗎？」
在遇到一個神祕的旅行者之後，在眼睛如星子般閃爍的男孩「潘」離去之後，
她決定踏上旅程尋找，
星星啊你們，如今安在？希望你們只是躲起來了，一切安好。

好讀出版 經典智慧59

45則淨化人心、
創造豐盛的禪宗故事

# 退步原來是向前

知名心靈作家‧靈氣師父
**鄭栗兒** 著

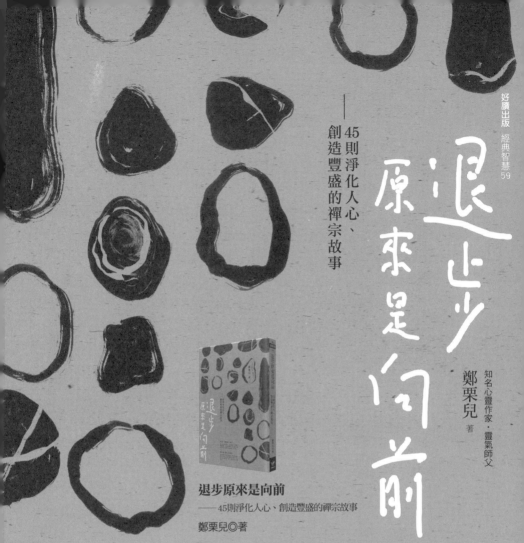

## 退步原來是向前
—— 45則淨化人心、創造豐盛的禪宗故事
鄭栗兒◎著

## 45帖跨越困境的禪宗智慧，帶您尋找安心的快樂法門

我佛慈悲，我心卻難以平靜，聽聽禪師故事解憂慮、點困惑。

要怎麼形容那一次參加內觀禪七的奇妙經驗？
在歷經好幾日與無聊、昏沉、妄念抗衡的痛苦過程後，
我終於在最後一晚的行禪中，嚐到一點點「道」的滋味了。
終於歇下心頭那些莫名的緊張、不安，在時間的流動片刻自在、自由了！
我這樣說，太籠統了，而且那境界也不是語言所能形容。
但經歷過那個片刻，並不代表從此太平盛世，得到一張免除人生困境的門票。

當我們站在人生的十字路口時，請記住一件很重要的事，
那就是：傾聽自己的心，不要相信眼睛。
因為心會告訴我們如何踏上延展生命力量的道路，而眼睛總是沉迷於稍縱即逝的海市蜃樓。

【出版】：2014年12月1日
【定價】：250元

**國家圖書館出版品預行編目資料**

心靈塔羅：內在探索・靜心指引／鄭栗兒著；
—初版—臺中市：好讀，2018.04
　　面；　公分，—（心天地；08）
ISBN 978-986-178-451-9（平裝）
1. 占卜 2. 心靈療法

292.96　　　　　　　　　　　　　　107001596

**好讀出版**

心天地

# 心靈塔羅：內在探索・靜心指引
（22 張彩色大塔羅＋牌卡指引專書＋塔羅收納絨布袋）

作　　者／鄭栗兒
牌卡繪製／ KIDISLAND 兒童島
總 編 輯／鄧茵茵
文字編輯／王智群、賴純美
美術設計／廖勁智
行銷企畫／劉恩綺
發 行 所／好讀出版有限公司
　　　　　407 台中市西屯區工業 30 路 1 號 1 樓
　　　　　407 台中市西屯區大有街 13 號（編輯部）
TEL: 04-23157795 FAX: 04-23144188 http://howdo.morningstar.com.tw
( 如對本書編輯或內容有意見，請來電或上網告訴我們 )
法律顧問／陳思成律師

總 經 銷／知己圖書股份有限公司
106 台北市大安區辛亥路一段 30 號 9 樓
TEL: 02-23672044 ／ 23672047 FAX: 02-23635741
407 台中市西屯區工業 30 路 1 號 1 樓
TEL: 04-23595819 FAX: 04-23595493
E-mail:service@morningstar.com.tw
網路書店：http://www.morningstar.com.tw
讀者專線：04-23595819#230
郵政劃撥：15060393（知己圖書股份有限公司）

印　　刷／上好印刷股份有限公司
初　　版／西元 2018 年 4 月 1 日
定　　價／650 元
如有破損或裝訂錯誤，請寄回臺中市 407 工業區 30 路 1 號更換（好讀倉儲部收）

Published by How Do Publishing Co., Ltd.
2018 Printed in Taiwan
All rights reserved.
ISBN 978-986-178-451-9

# 讀者回函

只要寄回本回函，就能不定時收到晨星出版集團最新電子報及相關優惠活動訊息，並有機會參加抽獎，獲得贈書。因此有電子信箱的讀者，千萬別忘於寫上你的信箱地址

書名：**心靈塔羅：內在探索・靜心指引**

姓名：＿＿＿＿＿＿ 性別：□男□女 生日：＿＿年＿＿月＿＿日

教育程度：＿＿＿＿＿＿＿＿＿＿＿＿

職業：□學生 □教師 □一般職員 □企業主管

　　　□家庭主婦 □自由業 □醫護 □軍警 □其他＿＿＿＿＿＿

電子郵件信箱（e-mail）：＿＿＿＿＿＿＿＿ 電話：＿＿＿＿＿＿

聯絡地址：□□□＿＿＿＿＿＿＿＿＿＿＿＿＿＿＿

你怎麼發現這本書的？

□書店 □網路書店（哪一個？）＿＿＿＿＿＿＿□朋友推薦 □學校選書

□報章雜誌報導 □其他＿＿＿＿＿＿＿＿＿＿＿＿

買這本書的原因是：＿＿＿＿＿＿＿＿＿＿＿＿＿＿

□內容題材深得我心 □價格便宜 □封面與內頁設計很優 □其他＿＿＿＿＿

你對這本書還有其他意見麼？請通通告訴我們：

＿＿＿＿＿＿＿＿＿＿＿＿＿＿＿＿＿＿＿＿＿＿

你買過幾本好讀的書？（不包括現在這一本）

□沒買過 □1～5本 □6～10本 □11～20本 □太多了

你希望能如何得到更多好讀的出版訊息？

□常寄電子報 □網站常常更新 □常在報章雜誌上看到好讀新書消息

□我有更棒的想法＿＿＿＿＿＿＿＿＿＿＿＿＿

最後請推薦五個閱讀同好的姓名與 e-mail，讓他們也能收到好讀的近期書訊：

1. ＿＿＿＿＿＿＿＿＿＿＿＿＿＿＿＿＿＿＿

2. ＿＿＿＿＿＿＿＿＿＿＿＿＿＿＿＿＿＿＿

3. ＿＿＿＿＿＿＿＿＿＿＿＿＿＿＿＿＿＿＿

4. ＿＿＿＿＿＿＿＿＿＿＿＿＿＿＿＿＿＿＿

5. ＿＿＿＿＿＿＿＿＿＿＿＿＿＿＿＿＿＿＿

我們確實接收到你對好讀的心意了，再次感謝你抽空填寫這份回函

請有空時上網或來信與我們交換意見，好讀出版有限公司編輯部同仁感謝你！

好讀的部落格：http://howdo.morningstar.com.tw

好讀的臉書粉絲團：http://www.facebook.com/howdobooks

也可直接掃描
線上讀者回函

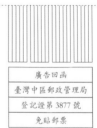

## 購買好讀出版書籍的方法：

一、先請你上晨星網路書店http://www.morningstar.com.tw檢索書目
　　或直接在網上購買

二、以郵政劃撥購書：帳號15060393　戶名：知己圖書股份有限公司
　　並在通信欄中註明你想買的書名與數量

三、大量訂購者可直接以客服專線洽詢，有專人為您服務：
　　客服專線：04-23595819轉230　傳真：04-23597123

四、客服信箱：service@morningstar.com.tw